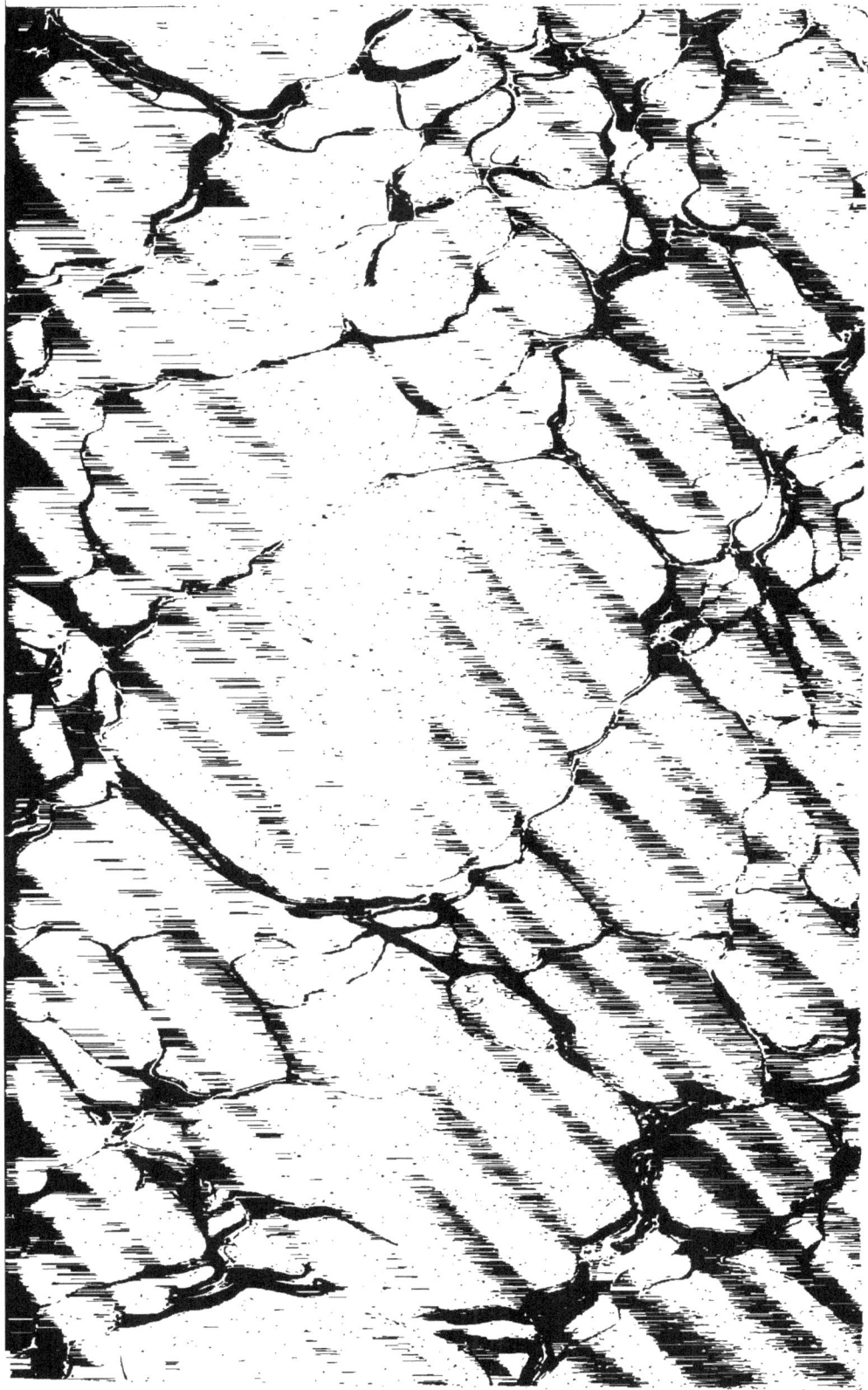

RÉNÉE DESARBRES

PARIS PARTOUT

·Paris à table.	Paris à Clichy.
Paris en voiture.	Villa ombrosa.
Paris à la Bourse.	Bric-à-brac.
Paris au théâtre.	Le caveau.
Paris à la campagne.	

PARIS

LIBRAIRIE CENTRALE

24, BOULEVARD DES ITALIENS

1865

PARIS PARTOUT

ABBEVILLE. — IMP. P. BRIEZ

PARIS PARTOUT

PAR

NÉRÉE DESARBRES

<table>
<tr><td colspan="2" align="center">PARIS A TABLE</td></tr>
<tr><td>PARIS EN VOITURE</td><td>PARIS A CLICHY</td></tr>
<tr><td>PARIS A LA BOURSE</td><td>VILLA OMBROSA</td></tr>
<tr><td>PARIS AU THÉATRE</td><td>LE CAVEAU</td></tr>
<tr><td>PARIS A LA CAMPAGNE</td><td>BRIC A BRAC</td></tr>
<tr><td colspan="2" align="center">PARIS AUX EAUX</td></tr>
</table>

PARIS

LIBRAIRIE CENTRALE

24, BOULEVARD DES ITALIENS, 24

—

1865

PARIS A TABLE

PARIS A TABLE

A Paris, comme ailleurs, tout le monde mange, mais nulle part la manière de se nourrir n'est aussi variée ; les usages des quatre-vingt-neuf départements peuvent s'y retrouver. Chaque quartier, chaque profession a des habitudes de table particulières : le faubourg Saint-Antoine n'absorbe pas comme le faubourg Saint-Honoré ; le faubourg Saint-Germain ne vit pas comme le faubourg Saint-Jacques.

Ce n'est donc pas cette multiplicité de modes d'alimentation, avec des différences dans les heures et dans

les mets du repas, que je veux photographier aujour-
d'hui.

TOUT PARIS Y ÉTAIT, disent généralement les
journaux le lendemain d'une fête ou d'une représentation
extraordinaire.

C'est de ce *tout Paris* que je parlerai ; de ce Paris
qu'on voit partout le soir, mais qui se meut et bruit le
jour, depuis le boulevard Bonne-Nouvelle, y compris les
rues adjacentes et aboutissantes, jusqu'à l'église de la
Madeleine ; ce Paris alambiqué et quintessencié dont on
fait presque toujours partie, ne fût-ce qu'un moment
dans sa vie.

II

Les gens qui sont dans des affaires quelconque déjeunent et dinent.

Les oisifs déjeunent, dinent et soupent, si toutefois
leur fortune et leur estomac le leur permettent.

Les viveurs, par goût, dînent et soupent ; on conçoit que, se couchant très tard, ils n'aient pas le temps de déjeuner. « Est-ce que réellement il y a du monde dans les rues avant midi ? » me disait un de mes amis, qui ne s'est jamais couché avant six heures du matin et levé avant deux heures du soir.

Les gens de théâtre, par nécessité, déjeunent et soupent.

III

Le matin, en se levant, chacun sait où il déjeunera ;
Prévoit où il dînera ;
Ignore presque toujours où il soupera.

Le déjeuner est commandé par les exigences de la position qu'on occupe dans le monde, dans le commerce, dans l'industrie, dans les arts ou dans la littérature ; on déjeune avec ses relations d'affaires.

Le dîner est laissé au choix des affections ; on

dîne avec ses amis (le sexe n'y fait rien), avec sa famille.

Le souper appartient à l'imprévu ; on soupe avec une
personne (souvent au féminin), que le hasard vous fait
rencontrer, que vous n'aviez, peut-être, jamais vue et
que vous ne reverrez peut-être jamais, à moins que
cependant vous ne soyez destiné à ne la plus quitter....
pendant plusieurs années.

IV

Là où l'on déjeune, on ne dîne pas.

Là ou l'on dîne, on ne soupe pas.

Là où l'on soupe, on ne déjeune pas.

Ce qu'on mange à dîner, on ne le mange pas à
souper.

Ce qu'on mange à souper, on ne le mange pas à
déjeuner.

Maintenant il est des gens qui, faisant leurs trois

repas, ne déjeunent pas, ne dînent pas, ne soupent pas ;
ils mangent trois fois.

Peut-être même ruminent-ils.

On déjeune au café Riche, et au café Foy.

On dîne aux Frères-Provençaux et au café de Paris.

On soupe à la Maison-d'Or, au Café-Anglais et chez
Brébant (ci-devant Vachette).

Qui peut plus, peut moins : là où l'on soupe, on dîne
très-bien.

Demandez au docteur Véron.

V

Puis il y a les restaurants d'été, le Petit-Moulin-Rouge,
le Pavillon d'Armenonville, la Maison de Madrid, au
bois de Boulogne.

Ce que l'on boit l'hiver, on ne le boit pas l'été ; l'hiver, c'est du bordeaux, amené à une douce température ;
du bourgogne, naturellement chaud. L'été, c'est de la

tisane de Champagne, et, pour les bonnes têtes, du vrai
sillery frappé de glace.

Ce qu'on mange l'hiver, ce sont des viandes noires
épicées, des gibiers faisandés, des poulardes truffées ;
l'été, des primeurs, des légumes, des crustacés froids,
de la volaille et du mouton en adolescence, c'est-à-dire
à l'état de poulet de grain et d'agneau ; des canards,
des perdrix, des cailles, à l'état de canetons, de per-
dreaux, de cailleteaux.

VI

Dans certains restaurants, la carte a disparu ou tend
à disparaître.

Des mets confectionnés à l'avance, des poissons, des
rôtis, des jambons, des pâtés de foie ou de gibier, des
chauds-froids, étalent leur somptuosité et leur bonne
mine, sur un dressoir tenant le milieu de la principale
salle de l'établissement, et excitent les convoitises des
estomacs en quête de nourriture.

Vous arrivez avec votre menu tout préparé, vous aurez beau faire, bon gré mal gré, vous mangerez ce que le maître d'hôtel, dans sa sagesse, a décidé que vous mangeriez.

Ce n'est plus la carte forcée, c'est le plat forcé.

Mais, en entrant, sur votre figure, sur votre mise, sur votre ton, vous avez été jaugé et imposé d'avance. Que vous consommiez plus ou moins, votre chiffre est arrêté, et votre addition montera nécessairement au prix fixé dans l'esprit de la personne chargée de la rédaction de la note.

Que si vous réclamez contre l'exagération du total, et que vous demandiez comme justification la carte du restaurant, on aura toutes les peines du monde à vous la trouver, et quand, voyant votre persistance à l'attendre, on vous l'apportera, on vous préviendra que depuis quelque temps, tous les prix sont changés, et que, d'ailleurs, vous avez été servi d'une manière exceptionnellement copieuse.

Ce que vous avez de mieux à faire, c'est de payer.

2

VII

Il est de bon ton, parmi les gens d'un certain âge qui
veulent se donner un cachet de fins gourmets, de dé-
plorer les fermetures successives du Rocher de Cantale
et du restaurant Véry. Mon Dieu ! si tous ceux que nous
avons vus pleurer ces disparitions eussent vécu régulièrement dans ces établissements, les propriétaires en
seraient devenus millionnaires, et par ce fait, retirés
des affaires, ils eussent trouvé de nombreux suc-
cesseurs.

Il se peut maintenant que les restaurateurs regrettés,
sacrifiant leurs intérêts à leur réputation culinaire, et
livrant leurs chefs-d'œuvre aux consommateurs, à des
prix inférieurs à ceux de l'acquisition de la matière
première, perdissent d'autant plus qu'ils avaient de plus
nombreux clients.

Ceci cependant paraît bien invraisemblable.

VIII

Ce qui m'a toujours effrayé lorsque j'y réfléchis, c'est l'habitude qu'ont tous les restaurateurs, les plus humbles comme les plus renommés, d'aller, dans leurs jours de liesse et de régal, prendre leur repas chez leurs confrères.

Pourquoi ? Chacun en particulier se méfie donc de sa cuisine ?

Il vaut mieux croire que leur but, en faisant ainsi, est d'étudier l'art culinaire et de le faire progresser par l'éclectisme entre les divers systèmes.

IX

Les endroits où, en hiver comme en été, on dîne le plus confortablement, sont les cercles aristocratiques ;

car, où trouverez-vous (je ne dis même pas à prix égal),
les plantureux repas de saison qu'offrent à leurs habitués l'Ancien-cercle et le Jockey-Club ; malheureusement...

Non licet omnibus...

X

Bien loin, après les cercles, viennent les hôtels des
boulevards et des alentours; mais l'inconvénient des
dîners de table d'hôte, c'est la nécessité où vous êtes d'y
apporter avec vous votre société, et plusieurs diction-
naires. Dans le cas où vous négligez de prendre ces
précautions, vous êtes sûr de ne rencontrer aucune
figure de connaissance, de ne pouvoir ni placer un mot
ni comprendre une phrase.

On entend toutes les langues, l'italienne, l'anglaise,
l'allemande, l'espagnole, la négresse même, toutes enfin, excepté la langue française.

C'est, pour un Parisien, une tour de Babel d'idiômes inconnus.

XI

Les dîners d'hôtels de deuxième et troisième catégorie, non plus que ceux *dits* à prix fixe, n'entrent pas dans notre cadre.

XII

Mais les repas que je ne dois pas oublier sont ceux que la généralité du monde parisien prend chez soi ; car enfin tous les ménages n'ont pas leurs marmites renversées et ne vivent pas au cabaret ; quand ils y vont, c'est par extraordinaire ; telle famille que je connais n'y a jamais mis le pied.

2.

Certaines maisons particulières de la rue Laffitte, de la rue Saint-Georges, de la Chaussée-d'Antin, du boulevard des Italiens, ont des tables mieux tenues que les hôtels les plus fréquentés.

Certains bourgeois possèdent un cuisinier plus expert en diverses choses spéciales et succulentes que les chefs disputés des restaurants à la mode.

Certains artistes ont, pour l'exécution de leurs idées gourmandes, un cordon-bleu plus habile dans son petit doigt que bien des *Vatel* patentés.

Sur ce, cher lecteur, que vous déjeuniez, dîniez ou soupiez chez vous, à l'hôtel, au cercle ou au restaurant, bon appétit : c'est le meilleur préparateur culinaire que je puisse vous souhaiter.

PARIS EN VOITURE

PARIS EN VOITURE

I

Le Parisien aime essentiellement la voiture. Il en a fait une des choses indispensables de sa vie, et ne peut pas plus s'en passer que de pain et de spectacles.

Sur le seul boulevard des Italiens il passe, dit la statistique, 10,750 véhicules par vingt-quatre heures ; les Champs-Elysées qui ne sont guère fréquentés que dans l'après-midi, en comptent en moyenne 10,000 dans le même espace de temps.

Le Parisien est donc plus exigeant que le Romain de la décadence, qui demandait seulement

Panem et circences

Quand je dis le *Parisien*, je me sers sciemment d'une expression impropre, c'est l'*habitant de Paris* que je devrais écrire.

« C'est bien singulier, me confiait un jour le concierge d'un des plus importants immeubles de la rue Laffitte, dans ma maison, excepté moi, il n'y a pas un Parisien ; encore suis-je né à Yvetot. »

Au reste, tous les soirs, à l'heure du dîner, adressez-vous à douze personnes isolées ou prises une par une dans les groupes différents du boulevard, et demandez-leur de quel pays elles sont : leurs réponses vous convaincront que Paris est à peu près composé comme la maison dont je parle plus haut.

Sur les douze personnes interrogées, vous trouverez, avec quelques variations peut-être, trois Bordelais, deux Marseillais, deux Lyonnais, deux Italiens, un Russe, un Anglais et un Parisien.

Que si, au lieu de prendre à droite et à gauche, vous questionnez les gens d'une même société, stationnant ou se promenant, vous tomberez sur des groupes entiè-

rement composés de Bordelais, de Marseillais, de Lyonnais, d'Italiens, de Russes, d'Anglais, mais je vous
défie de trouver réunis douze vrais Parisiens, nés à
Paris.

C'est donc uniquement pour la facilité de la phrase,
que je me sers du mot *parisien*.

II

Le Parisien donc monte en voiture :

Pour vaquer à ses affaires, plus ou moins impor-
tantes,

Pour aller à ses plaisirs, légitimes ou non,

Pour n'être vu de personne, autant que possible,

Pour être vu de tout le monde, de son concierge
même ;

Enfin, tout simplement pour... monter en voiture.

Il a, à la disposition de son goût, devenu un besoin :

Ses équipages particuliers, s'il a une grande fortune
ou un rang à tenir ;

Les voitures au mois ou à l'année, s'il est seulement riche ;

Les voitures sous remise, s'il est à son aise ou s'il veut le paraître ;

Les fiacres, s'il est économe et dépourvu de vanité ;

Les omnibus, s'il n'a pas de préjugés.

En disant que, s'il a une grande fortune, le Parisien a ses équipages particuliers, je dois avouer qu'il n'abuse pas toujours de la permission.

En effet, ce ne sont pas les familles les plus opulentes qui affichent le plus grand luxe de chevaux et de voitures ; les anciennes maisons entretiennent plutôt qu'elles ne renouvellent leurs écuries.

Les millionnaires improvisés du jour au lendemain par les hasards de la hausse ou de la baisse ; quelques rares femmes à la mode, qui prennent leur capital momentané pour une rente perpétuelle ; quelques princes ou fournisseurs russes, venus en France avec ou sans autorisation de leur gouvernement, tiennent le haut du pavé sur le turf élégant.

Le sommet de la fashion est d'avoir voiture d'hiver et voiture d'été, équipages de jour, équipages de nuit.

Un homme expert, en voyant passer un attelage, immédiatement, sans en connaître le maître, vous dira à
quel quartier il appartient, car rien ne ressemble moins
à un carosse du faubourg Saint-Germain qu'une calèche
de la Chaussée-d'Antin ou de la rue Laffitte.

III

Moyennant la somme de 600 à 1,200 francs, on peut,
en s'adressant à un loueur, sans avoir à son compte les
frais d'une remise, d'une écurie, d'un cocher et d'un
palefrenier, sans craindre les conséquences pécuniaires
des accidents qui arrivent trop souvent aux chevaux et
aux voitures, se donner pendant un mois l'air de posséder coupé, victoria ou calèche, avec armes et initiales
peintes sur les panneaux, couleurs et boutons de
livrées.

Ce qui peut se faire pendant un mois, peut se prolon-
ger toute la vie, mais le grand avantage du système est

3

de vous permettre, lorsque vous allez en voyage, à la campagne, aux eaux, d'arrêter immédiatement vos frais, et de ne pas vous exposer à être jamais volé sur l'avoine, le foin et la paille.

Il est vrai que la banalité dans la forme des voitures en location, au mois ou à l'année, tant neuves et brillantes soient-elles, que le pas mathématique des chevaux, si fringants qu'ils affectent d'être, ne peuvent établir de confusion entre elles et les équipages de maître.

I V

Les voitures *dites* de remise sont la grande ressource de ceux qui, ne pouvant ou ne voulant pas avoir de véhicules en propriété ou en location, mettent leur vanité à cacher, le plus possible, la nature de leur équipage à l'heure ou à la course.

Mais depuis qu'ils ont été assujettis à un numéro

apparent, les *remises* ont perdu singulièrement de leur prestige ; plus moyen, quelle que soit, d'ailleurs, leur propreté et leur bon entretien, de se faire un brin d'illusion, et de supposer que les gens qui vous voient passer puissent vous croire un instant le propriétaire de la chose.

Il est à remarquer du reste que les personnes à équipages, lorsque, pour une raison ou pour une autre, elles ne font pas atteler, n'envoient jamais chercher que des fiacres aux plus gros numéros. Elles craignent peut-être qu'une voiture à peu près propre ne soit supposée, vue de loin, une des leurs, et ne nuise à la réputation de bonne tenue de la maison. Peut-être encore, gâtées par le confortable de leurs huit ressorts, n'admettent-elles aucune différence entre le fiacre de la station et le coupé de la remise.

Le numéro jaune a même un avantage sur son confrère rouge, c'est que ses larges flancs, lorsqu'ils vous conduisent au théâtre ou au bal, permettent à une dame de mettre plus à l'aise sa crinoline et sa robe, plus le contenu d'icelles.

V

Si vous tenez, ce que je ne suppose pas, à être remer-
cié par votre automédon d'occasion, du pourboire que
vous lui offrez, ne dépassez jamais, dans votre généro-
sité, la somme de cinquante centimes pour les cochers
de remise, et de vingt-cinq centimes pour des cochers
de fiacre ; autrement, ces messieurs vous prendront
immanquablement pour un provincial dévoyé, et par un
haussement d'épaules, en signe de pitié, ils essayeront
d'obtenir davantage de votre amour-propre stimulé.

Parler de Collignon à un cocher, c'est lui imposer la
plus rude épreuve ; selon certains, c'est un martyr dont
le nom devrait être inscrit au Panthéon, selon d'autres,
c'est la *honte* de la corporation ; les premiers n'osent
pas toujours manifester leur opinion, dans la crainte
d'effrayer le bourgeois.

— Quelle est la profession qui n'a pas son Collignon ?

me disait un jour un des derniers, déplorant l'assassi-
nat commis par le confrère, mais au fond plein de
philosophie.

VI

Après minuit, lorsque tous les théâtres sont fermés,
chaque cocher de coupé ou de fiacre cherche une pra-
tique, non pas à conduire, mais qui le mène se coucher.
Avant de vous laisser monter dans sa voiture, il vous
demande où vous allez, et si le hasard veut que vous de-
meuriez dans son quartier, il consent à vous ouvrir la
portière. J'ai pris l'habitude de devancer la question,
et, toutes les fois que, rentrant tard, j'ai besoin d'une
voiture, c'est moi qui demande, en suivant la file, à tous
les cochers de vouloir bien me confier le nom de la rue
qu'ils habitent, et quand cette rue est sinon tout à fait
la mienne, mais du moins sa voisine, je me fais un devoir de conduire les chevaux à leur écurie.

3.

Il n'y a que ce moyen d'éviter un voyage désagréable.

Les couleurs de lanternes, bleues, vertes, jaunes, rouges, me servent dans mes recherches, quoique certaines nuances appartiennent quelquefois aux quartiers les plus éloignés les uns des autres ; témoin, la rouge, qui indique en même temps la rentrée à Passy et à Batignolles.

— Sont-ils fous ces bourgeois de demeurer si loin ! exclamait un jour un cocher qui m'avait conduit à Auteuil.

— Où pourrait-on demeurer pour vous être agréable? lui demandai-je.

— Dame ! me répondit-il, je ne sais pas trop ; ça dépend de l'endroit où l'on me prend.

La disparition complète des cabriolets a été un des bienfaits du progrès ; les charmes de la conversation qu'on pouvait avoir avec le cocher n'étaient pas toujours une compensation suffisante à l'âcreté de ses odeurs.

VII

La première fois que vous montez en omnibus, si dans votre jeunesse vous n'y avez pas été habitué, vous éprouvez une certaine contrariété d'amour-propre, et, une jambe déjà sur le marchepied, vous jetez un coup d'œil à droite et à gauche, pour bien vous assurer que personne de vos amis, de vos connaissances, ne vous voit pénétrer dans ce long corridor à stalles. Au bout de trois ou quatre courses, vous êtes fait à votre humiliation, bientôt même vous devenez cynique, et, sans rougeur, vous vous placez sur l'impériale, comme un magot sur une étagère.

Ordinairement, ce n'est pas pour son plaisir qu'on va en omnibus. Je connais cependant des gens qui, ayant une heure à perdre, prennent volontiers à la Madeleine une place en l'air, comme disent les conducteurs, vont jusqu'à la Bastille en fumant leur cigare, et reviennent par le retour du véhicule.

Mais, pour les observateurs, il y a dans les diverses personnes composant la société d'un omnibus une multitude d'études à faire et de types à examiner. L'un reproche à sa voisine d'être trop grosse, la voisine reproche au vis-à-vis d'avoir les jambes trop longues ; les femmes d'un certain âge se glissent de préférence entre deux hommes, à l'entrée de la voiture, où les places ne sont pas séparées.

Les jeunes filles de magasin portant généralement une caisse à chapeaux, ont toujours à lire une lettre qui ne ressemble guère à la facture de l'objet qu'elles vont rendre. Malgré l'embarras que causent leurs paquets, soyez sûr que si un homme mûr se présente, il ira directement, y eût-il dix places vacantes, se caser à côté de la modiste à qui il proposera galamment de prendre la moitié du fardeau.

Pour que la scène ne se passe pas ainsi, il faudrait que dans un coin de la voiture il y eût, lisant un rôle, une vraie ou fausse actrice d'un petit théâtre de Paris ou de la banlieue, car alors, comme un âne entre deux boisseaux d'avoine, et ne sachant de quel côté aller, le séducteur aura un moment d'hésitation et ira probable-

ment à la cabotine. Le rôle aura eu plus d'attraction
que la caisse.

Par le fait des jupons montés sur acier, et ayant une
rotondité réglée d'avance, il arrive que les dames entrant en omnibus ont toute l'ampleur de leurs crinolines
rejetée en arrière; comme conséquence, il advient que
le caleçon n'a plus de mystère ; les femmes installées,
de s'empresser alors de rabaisser les jupes indiscrètes,
et les hommes, dans la crainte sans doute de voir le
bas poussiéreux ou boueux de celles-ci maculer leurs
pantalons, de ne pas y mettre la même bonne volonté.

Il est rare qu'une course en omnibus ne vous offre
pas un côté comique : un monsieur replet ayant bien
déjeuné ou dîné est à peine assis qu'il est pris de sommeil ; il cherche aussitôt son point d'appui, et prend
pour oreiller, à son choix, l'épaule d'un de ses voisins,
jusqu'au moment où, énervé et fatigué, celui-ci se re-
tire subitement et laisse la tête du dormeur aller presque jusqu'à terre. La commotion, le rire de toute la
voiture réveillent momentanément l'assoupi , qui, à
force de se pincer la peau, de se mordre les lèvres,
reste les yeux ouverts jusqu'à destination.

VIII

Il est de convention tacite entre les gens de bon ton qui vont en omnibus de ne pas se saluer. Pour ne pas s'embarrasser mutuellement, on est censé ne pas se reconnaître.

Le chargement d'un omnibus complet se compose toujours de douze hommes sur l'impériale, et généralement de neuf femmes et cinq hommes dans l'intérieur ; les douze hommes de l'impériale sont pris dans toutes les classes de la société ; tous les humains sont égaux devant le besoin de fumer. Les cinq hommes de l'intérieur se divisent ainsi : un prêtre ou un soldat, un homme de lettres ou un artiste, un avocat ou un avoué, deux négociants ou commis placiers. Les neuf femmes se composent de : une dame voilée et un enfant, une religieuse, une nourrice et un nourisson, une ouvrière, une bourgeoise en grande toilette, une élève du Conservatoire avec son rouleau traditionnel, une bouchère ou une marchande de poissons, et une jeune fille blondasse en cheveux, qui, placée à la porte de la voiture, cause amoureusement avec le conducteur. Il est bien entendu que les deux enfants ne payent pas.

On jalouse ceux qui peuvent aller en équipage, en voiture, en fiacre, même en omnibus, combien sont plus enviables encore ceux qui, ayant de bonnes jambes, peuvent aller à pied ; je m'en rapporte aux paralytiques et aux goutteux.

PARIS A LA BOURSE

PARIS A LA BOURSE

———

I

C'est du haut du péristyle de la Bourse, sous la colonnade corinthienne du monument élevé par Brongniart en l'honneur de Plutus ou de Mercure, au choix des classiques, que l'observateur peut, de midi à trois heures, voir défiler les échantillons les plus variés des divers éléments qui constituent ce qu'on est convenu d'englober sous la dénomination générale de : *Les Parisiens.*

Là, chrétiens, juifs, mahométans ; Anglais, Russes, Polonais, Arméniens, Prussiens, Autrichiens, Bavarois,

Grecs, Espagnols, Mexicains, Américains, Français,
(ceux-ci presque tous provinciaux, et pris dans toutes
les classes de la société ; nobles, bourgeois, négociants,
marchands et concierges) passent et repassent, se cou-
doient, se heurtent, se bousculent, se montent récipro-
quement sur les pieds, sans jamais crier gare, ou
demander pardon.

Contrairement à la proportion qu'elle a dans la popu-
lation entière de la France, la religion de Moïse est en
majorité à la Bourse, et si par l'application du suffrage
universel, la célébration du sabbat ou du dimanche
était mise aux voix, je plaindrais le dimanche.

11

La Bourse est le point central de réunion des plus
hautes capacités financières, des hommes les plus hon-
nêtes dont une parole vaut mieux qu'une signature,
c'est en même temps le *refugium* de tous les nau-
fragés de l'industrie, du commerce et des arts.

On cite en petit nombre les gens intelligents qui s'y sont enrichis; le martyrologe de ceux qui s'y sont ruinés serait plus considérable en volume que la vie des saints du Père Daniel.

Il est juste de dire que comme compensation, la Bourse nourrit volontiers ceux qu'elle a dévorés, et de même que; dans les maisons de jeux, les tailleurs de trente et quarante, les employés de la roulette, les croupiers, les ratisseurs de tapis, les inspecteurs des salles sont généralement choisis parmi les joueurs décavés, de même à la bourse, les commis, remisiers, coulissiers, sont en grande partie des victimes d'une baisse intempestive ou d'une hausse non pressentie, à moins qu'ils ne soient celles de la stagnation des cours; alors après avoir mis longtemps à la bobèche, ils veulent à leur tour tenir le chandelier pour leur compte.

III

Les affaires à la Bourse, se font au parquet ou en coulisse.

Le parquet se compose de soixante agents dont les charges valent chacune deux millions.

Autrefois, lorsqu'on montait au parquet, c'était pour longtemps, souvent pour la vie, on vieillissait dans la corbeille ; aujourd'hui, après quelques années d'exploitation d'une charge, on trouve dans son entourage, dans sa famille, un ami, un frère, un fils, un gendre à qui l'on passe le corbillon. Peu d'agents s'improvisent ; ils sont tous ou presque tous inscrits et désignés d'avance.

Le préceptorat d'un des rois de notre époque dont le trône devrait être à Jérusalem, a conduit plus d'une personne au parquet. La corbeille est le sénat de ce magnifique potentat.

IV

La coulisse pourrait se subdiviser en plusieurs groupes.

Naguère encore, rivale redoutée du parquet, elle a perdu beaucoup de son importance.

Le groupe où se traite la rente est désigné sous le nom de la *Pologne*.

Les valeurs de toutes couleurs, côtées ou non côtées, émises ou à émettre, se demandent, se proposent, se refusent sur tous les tons, par toutes sortes de voix, dans de petits clans ayant tous une spécialité différente.

Les actions, tant dépréciées soient-elles, ont toujours un cours quelconque au-dessus du vieux papier vendu à la livre ; elles ne tombent jamais au-dessous de 25 cent et sont enlevées pour figurer au besoin à l'actif des faillites.

Les types disparaissent de jour en jour à la Bourse; la place de *meneur* est à prendre, les derniers joueurs qui l'ont exploitée n'ont pas été heureux.

V

Les femmes ne jouent pas moins que les hommes, je ne parle pas seulement des cuisinières, portières et autres poseuses de sangsues, à qui, à travers les grilles de la bourse, des commis dont la mise ne dénote pas des relations suivies avec Chevreuil, présentent, sur un papier jauni ou sur un parchemin économique, les va--riations des petites voitures ou du comptoir Bonnard, mais de belles dames, de grandes dames, comme on dit dans *la Tour de Nesle,* de qui chaque matin les agents en personne vont prendre les ordres ; des demoiselles, riches d'hier, devant tout à elles-mêmes et rien à leurs aïeux, émancipées par le théâtre, à qui les remisiers les plus élégants portent les cours.

V I

Lorsqu'une société industrielle se forme à Paris, il n'est pas rare de voir surgir à ses côtés une seconde société avec un capital important, dont le jeu consiste à peser de tout son poids sur la première. Comme une hyène elle s'attache à ses flancs et ne vise qu'à s'engraisser de la dépréciation que, par des ventes continuelles, elle amène nécessairement dans la valeur.

C'est souvent par une affectation de *mécénisme* (pardon du néologisme) que débutent ces compagnies, qui jetant comme un gâteau, à des privilégiés choisis parmi ceux qui tiennent une plume, quelques actions faisant prime, pensent échapper à toute discussion sur le but de la société ; à tout rappel du passé de ses fondateurs réels, cachés quelquefois derrière des noms honorables ou simplement inconnus, ce qui est encore un avantage pour eux.

Il est vrai que l'affaire lancée par la complaisance de
certains, par le silence des autres, elles ont en grand
mépris la gent écrivassière et se moquent des hommes
de lettres et des journalistes comme de Colin-Tampon.

Le registre des faillites d'un tribunal de commerce
départemental conserve, dit-on, les noms et prénoms
d'un, voire même de deux, des plus millionnaires entrepreneurs d'affaires industrielles, lesquels ne figu-
rent jamais, et pour cause, sur les listes des adminis-
trateurs et sur celles des conseils de surveillance.

Ils n'en sont pas moins fiers pour cela.

VII

Le militaire ne pense qu'à son état.

Le comédien ne rêve que du théâtre.

L'homme de bourse n'a qu'une préoccupation : la
hausse ou la baisse.

— Comment va madame aujourd'hui ? demandait un
ami à M. A... d'agent de change, dont la femme étai
gravement malade.

— Je n'en sais rien ce matin, mais hier quand j'ai quitté le boulevard elle était bien molle, répond le mari en songeant à la rente.

Je n'ai pas la prétention de servir cette anecdote comme primeur.

A la Bourse, en coulisse surtout, on se tutoie assez volontiers ; le langage, plein de laconisme, n'y est pas toujours très-parlementaire ; dans le feu de l'action, le temps manque pour arrondir les périodes et faire des phrases ; on se comprend c'est l'important; des mots inutiles donneraient lieu à des erreurs.

VIII

Certains boursiers aiment et cultivent les arts ; ils vivent au courant du mouvement littéraire ; on les voit au théâtre à toutes les premières représentations, aux expositions de sculpture et de peinture ; ils achètent les livres nouveaux ; quelques-uns même, à leurs moments perdus, sont auteurs dramatiques, romanciers, compositeurs, peintres, sculpteurs.

Mais c'est aux courses de Longchamp, de Chantilly, de la Marche et de Vincennes, que la bourse est le plus fashionablement représentée.

C'est peut-être bien plutôt l'occasion de faire des paris que l'intérêt qui s'attache à l'amélioration de la race chevaline, qui attire en si grand nombre ses habitués sur le Turf. Les courses ont lieu généralement le dimanche, or, la Bourse étant fermée ce jour-là et la coulisse n'ayant plus de point de réunion, il faut bien trouver en dehors de la rente, des chemins et autres valeurs industrielles, quelque chose sur quoi jouer, car le jeu est devenu une des nécessités quotidiennes de l'existence.

On ne dit plus, long comme un jour sans pain, mais bien long comme un jour sans Bourse.

Le boursier naît haussier, il commence toujours par une opération d'achat ; après des alternatives de gain et de perte, comme acquéreur et comme vendeur, selon son tempérament, il reste haussier ou devient baissier.

Les grands capitalistes sont pour la plupart haussiers, ça s'explique ; les petits rentiers le sont également, ça se comprend.

La nombreuse armée des baissiers se recrute parmi les gens qui, ayant leur fortune en billets de banque dans leurs poches, n'ont pour ainsi dire rien à craindre de la dépréciation des valeurs.

IX

Les haussiers ont pour eux cet avantage, c'est qu'ils sont toujours payés quand ils gagnent. Les baissiers ne peuvent en dire autant ; ils se souviennent encore du prix de compensation de février 1848. Au lieu de rattraper d'un coup de filet, ce qu'ils avaient perdu consécutivement pendant dix-huit ans de hausse, ils ont touché une minime somme de convention que les acheteurs ont bien voulu leur donner.

Tous les petits industriels qui tiennent à la bourse,

par un négoce quelconque, préfèrent la hausse à la baisse, quoique parfaitement désintéressés dans la question, comme capitalistes et comme joueurs.

Pourquoi ?

Demandez-le à la loueuse de chaises, à la commerçante en cigares, aux marchands de la côte, à ces derniers surtout, si heureux de pouvoir crier :

La hausse de la bourse !

PARIS AU THÉATRE

PARIS AU THÉATRE

I

Depuis quelques minutes déjà, les horloges de la *grand'ville,* la pendule du salon, l'œil de bœuf ou le coucou de la salle à manger, ont sonné six heures.

La maîtresse de maison est nerveuse ; elle gourmande ses gens, qui, n'ayant pas reçu encore l'ordre du chef ou du cordon bleu, n'ont pu ouvrir les portes à deux battants et prononcer la phrase sacramentelle : *Madame est servie.*

Dans les cercles, les habitués, consultant leurs montres,

se disent les uns aux autres : *Mais on ne dîne donc plus ici ?*

Dans les restaurants, à toutes les tables, on entend des voix interpeller les garçons

— *Garçon, je suis pressé !* — *Garçon, voulez-vous me servir, oui ou non ?* — *Garçon, donnez-moi l'addition, si vous ne voulez pas me donner autre chose.*

Tous ces cris, toutes ces impatiences, n'ont qu'une seule et même cause : Paris, ce soir-là, veut aller au théâtre ; il dînera vite, il dînera mal s'il le faut, mais à sept heures et demie il doit être ou dans sa loge ou dans son fauteuil d'orchestre, sous peine d'être compromis, de passer pour avoir perdu son importance, sa fortune ou la vie.

II

Certains théâtres ont, en même temps, des abonnés et des habitués ; d'autres n'ont que des habitués.

Parmi les premiers il faut citer l'Opéra et les Italiens.

C'est un grand titre dans le monde élégant que d'être à la fois abonné à ces deux théâtres ; et, cependant de tous les luxes, c'est le moins dispendieux.

Pour mille francs vous pouvez, à l'Opéra, avoir un fauteuil d'orchestre trois fois par semaine ; c'est-à-dire les jours de spectacle ordinaire, pendant une année. Si, las du spectacle, pas assez souvent varié, il vous convient de faire profiter quelqu'un de votre fauteuil, sur la simple présentation d'un billet signé de vous, le porteur occupera votre place.

Pour le tiers de la somme vous avez une fois par semaine le même fauteuil à votre disposition.

Une loge de six places, de balcon, coûte 7,500 francs par an, trois fois par semaine ; si vous ne la prenez qu'une fois, elle ne vous revient qu'à 2,500 francs, c'est-à-dire à 48 fr. à peu près par représentation.

Moyennant cette minime somme, vous avez le droit d'inviter cinq personnes à venir assister au spectacle qui écheoit au jour de votre abonnement.

Le Théâtre-Italien, avec des prix plus élevés toutefois,

surtout depuis une année, a les mêmes combinaisons de location.

Si, ayant à recommencer la vie, j'éprouvais le besoin de me marier dans un temps plus ou moins rapproché, je n'hésiterais pas un seul instant; et, sans m'adresser à M. de Foy, je chercherais à obtenir, à force de protection, une loge par semaine à l'Opéra et aux Italiens; non-seulement, de cet observatoire, qui me poserait très-haut dans l'opinion du beau monde, j'assisterai au défilé des dots les plus considérables de la finance, de l'industrie, de la politique et de la bourgeoisie, mais encore, grâce à lui, j'aurais la possibilité d'inviter à mon choix les familles où j'espérerais trouver le placement de mon cœur ; j'aurais le loisir, pendant les cinq heures de spectacle, d'étudier le caractère d'une jeune fille ; je verrais, sous la conduite du chef d'orchestre, nos âmes marcher ou ne pas marcher dans le ton ; puis, l'épreuve étant satisfaisante, je ferais ma demande acceptée d'avance.

Jamais *le monsieur qui a une loge à l'Opéra ou aux Italiens* ne sera indifférent à une demoiselle sortant de pension.

III

Les habitués d'un théâtre se recrutent parmi les auteurs, les médecins de l'endroit, parmi les gens qui, par leur position, soit officielle, soit littéraire, jouissent de leurs entrées.

Les auteurs et compositeurs dramatiques ont dans tous les théâtres (l'Opéra et les Italiens exceptés), après un nombre convenu d'actes ou de pièces, le droit de disposer d'une ou de plusieurs entrées à vie qu'ils vendent à leur gré.

Une entrée à l'Opéra-Comique vaut de 1,500 à 1,800 fr; au Gymnase, au Vaudeville, aux Variétés, au Palais-Royal, de 5 à 600 fr. Le cessionnaire mourant, le cédant rentre dans sa propriété, qu'il peut revendre autant de fois qu'il trouvera des cessionnaires partant pour l'autre monde.

Certaines entrées sont fatales et ont tué tant de titulaires (le propriétaire foncier existant toujours), qu'il ne se trouve plus personne pour les acheter.

A la mort de l'auteur, l'acquéreur du droit d'entrée continue sa jouissance, qui s'éteint définitivement avec lui.

I V

Les amis de la maison viennent en appoint à ces habitués de diverses catégories que je viens de citer; mais comme leur nom n'est pas inscrit au contrôle, ils n'entrent que sur la présentation d'un billet demandé, dans la journée, au directeur, et que donne le secrétaire de celui-ci.

Quand je dis au *directeur*, c'est peut-être bien à la *directrice* que je devrais écrire, car je pourrais désigner un théâtre où le secrétaire, ayant terminé par avance sa répartition, voit, tous les jours de représentation, son travail de libéralités renversé par une lettre de mada-

Celui-là a été un directeur habile, qui a fait croire aux spectateurs que la pire de ses loges était la meilleure, et a trouvé le moyen d'en doubler le prix. Si une place d'avant-scène était au même tarif qu'une stalle de parterre, personne n'en voudrait.

VI

Tel individu qui paie trois louis un fauteuil d'orchestre, ou deux cents francs et plus une loge, pour une première représentation, ne dépenserait pas le cinquième de ces deux sommes le lendemain pour le même spectacle; certaines gens n'assistent absolument qu'aux premières représentations.

On a vu, pour des pièces prônées d'avance ou recommandées par le nom connu de leur auteur, trois ou quatre mille personnes refusées à la location du premier jour, lorsque, le deuxième, les acteurs jouaient devant une salle presque vide.

VII

Une première représentation se termine ordinairement d'une heure à deux heures du matin ; quinze cents
personnes y ont assisté qui, pour la plupart, vont tranquillement se coucher ; eh bien ! je ne sais par quel
travail latent, par quelle télégraphie occulte, tout le
Paris des théâtres est à midi parfaitement renseigné sur
la réussite ou la chute de la pièce commencée la veille
et terminée le matin. Le bureau de location, à son ou-
verture, est littéralement assiégé ou désert. C'est devant
ce bureau que vous pouvez voir, se promenant anxieux,
se mordant la moustache ou se déchirant les ongles,
tout en affectant un air indifférent, le directeur du
théâtre ou l'auteur de la pièce jouée la veille ; *tout
Paris* est instruit, oui, le directeur et l'auteur exceptés.
Environnés l'un et l'autre de flatteurs et de jaloux, les
uns criant au chef-d'œuvre ou à la cabale, les autres,
avec un air hypocrite, se plaignant de la froideur de la

salle, et de l'enthousiasme maladroit de la claque, ils
ne savent qui croire, et viennent consulter le vrai ther-
momètre de l'indifférence ou de l'empressement du public.

VIII

Il est dans les habitudes de Paris de manger au spectacle.

Aux troisièmes ou quatrièmes galeries, ce sont des
pommes en nature ou en chaussons que les spectateurs
dévorent ; aux secondes, ce sont des oranges ; aux premières loges, des bonbons acides, des raisins, des
tranches d'ananas et d'oranges glacés, qu'on porte
coquettement à ses lèvres à l'aide d'une petite pince en
fer-blanc repoussé.

Parmi les femmes du bel air, il est du dernier galant
de transformer une loge en un bazar, en étalant sur la
devanture un sac de bonbons, une boîte de fruits, un

bouquet, un éventail, une jumelle, l'*Entr'acte*, etc.;
plus la cargaison est abondante, mieux semble accré-
ditée la faveur dont jouit la maîtresse du lieu.

Chaque objet est presque une preuve de la galanterie
qui vous entoure ; c'est comme une carte des visiteurs
aimables qui pendant la soirée sont venus frapper courtoisement à la porte de votre loge.

La femme qui, sur le turf d'une salle de spectacle, a
tenu la corde de l'admiration pendant cinq ou six
heures, n'a pas perdu sa journée.

La nuit qui suit n'est pour elle qu'une longue guir-
lande de rêves dorés.

PARIS A LA CAMPAGNE

6.

PARIS A LA CAMPAGNE

I

Quand vient le mois de mai, toutes les personnes de
de votre connaissance que vous rencontrez sur le boulevard se croient obligés de s'excuser et de vous expli-
quer comment elles ne sont pas à la campagne.

II

Le Parisien n'aime pas la campagne, mais il tient
beaucoup à paraître l'aimer, et se croirait déshonoré

s'il ne pouvait dire qu'il y va au moins une semaine chaque année. Pour lui, le suprême de la chose est tout simplement une maisonnette avec possession ou jouissance d'un jardinet, ou même un appartement à proximité d'une rivière, d'un lac ou d'une mare ; le jardin et l'eau ne sont pas de toute rigueur, le voisinage d'un arbre suffit quelquefois.

III

La campagne la plus recherchée est celle qui a les communications les plus faciles. On craint d'être privé, l'été, des visites de tous les fâcheux dont la société, l'hiver, a souvent été maudite. On emporterait volontiers son portier et son porteur d'eau ; on se fait suivre de sa blanchisseuse.

IV

Un de mes amis, Belge d'origine, mais Parisien dans l'âme, possède à Tournay un charmant château, lui coûtant par an trente mille francs d'intérêt d'argent et d'entretien, qu'il n'habiterait pour rien au monde ; il a, moyennant mille francs, un petit cottage à Enghien, où il passe toute la belle saison, plus heureux que son roi au château de Laaken.

V

L'ancienne banlieue de Paris, aujourd'hui annexée, est le pays de cocagne rêvé par les amoureux de la villégiature. Les marchands de ces faubourgs, réduits à consommer leurs marchandises pendant l'hiver, se sont donné pour mission d'exploiter le Parisien, qui, une fois chez eux, leur appartient, comme à l'araignée la mouche prise dans la toile.

L'épicier, le boulanger et le boucher le traiteront de voleur s'il apporte ou se fait apporter de Paris les choses indispensables à la vie.

VI

Certains propriétaires ne sont pas moins exigeants que les marchands ; il en est un très-riche, exerçant la médecine dans un village célèbre de la banlieue, qui a une telle réputation que, tous les ans, les personnes en marché de location avec lui pour l'un de ses nombreux immeubles, si elles sont connues, reçoivent invariablement le quatrain suivant :

> Méfiez-vous du docteur assassin
> À lui, pour Dieu ! n'ayez jamais affaire,
> Car si ce n'est pas comme médecin,
> Il vous tuerait comme propriétaire.

VII

Malheur à la femme qui devient *intéressante* sur ses terres ; s'il n'est pas assuré des bénéfices de l'opération il n'est pas de misères que, sous un prétexte ou un autre (et il en trouve toujours un), il ne lui fasse endurer. L'infortunée, pour avoir la paix, en sera réduite à abandonner la place.

VIII

Quoique exerçant la médecine, cet être ignare âgé de soixante ans, n'a pas su encore obtenir son diplôme de docteur. Il travaille néanmoins sans être troublé, son grade d'officier de santé le lui permettant dans de certaines limites.

Pour tous les maux de l'humanité il n'a qu'un re-
mède.

— Il faut couper çà, répond-il invariablement à ceux
et à celles qui se plaignent de n'importe quoi; d'un
mal de tête, d'un panaris ou d'une douleur à la jambe.

I X

Les malades qu'il a soignés sont tous reconnaissables :
ils sont généralement privés, qui d'un doigt, qui d'une
phalange, qui d'un bout d'oreille ou de nez.

X

Si un lecteur doute de mon assertion, qu'il me le dise
je le mènerai à … et je lui montrerai les victimes.

Je lui montrerai en même temps le père *Coupe-Tou-
jours*. C'est ainsi qu'on désigne mon officier de santé.

XI

Que ne puis-je raconter ici l'histoire d'un pauvre sourd et muet, soumis par un frère millionnaire, aux labeurs les plus repoussants, et réduit à aller, son balai sur le dos, de marchands de vins en marchands de vins, appelant l'attention par un petit cri sauvage et, moyennant un *canon* ou un petit verre d'eau-de-vie, nettoyant la boutique.

XII

Heureux les Parisiens qui ont des villas à eux !

Cette banalité n'est pas aussi bête au fond qu'elle en a d'abord l'air ; c'est moins la propriété que j'envie que l'absence du propriétaire soi-disant campagnard.

7

PARIS AUX EAUX

PARIS AUX EAUX

Un des besoins de la vie élégante parisienne, besoin aussi impérieux que celui de la villégiature au printemps, vous prend par un beau matin de juillet ou d'août, vous force à faire votre valise et à vous rendre à un embarcadère quelconque, où vous montez dans un convoi qui vous dépose quelques heures après à une station thermale : Bade, Ems, Wiesbaden, Spa, Vichy, Plombières, Bagnères, etc., etc.

Les uns vont aux eaux pour leur santé, les autres pour leur plaisir; mais ce qui est remarquable, c'est que, le plus souvent, les uns et les autres se croient obligés de mentir sur la raison de leur voyage.

7.

Tel qui va à Vichy ou à Aix pour abreuver sa gravelle, doucher ou frictionner son rhumatisme articulaire ou sa goutte, veut faire supposer au Club et à l'Opéra qu'il est à Bade ou à Ems; tel autre qui, pour les exigences de sa réputation et de son crédit commercial, a tout intérêt à cacher ses petits vices et à établir qu'il soigne au Mont-Dore ou aux bains de mer sa complexion délabrée par un travail continuel, passe ses journées et ses soirées dans les salons de la Conversation ou du Kursaal.

Je ne parle pas des gens qui datent leurs lettres des bords du Rhin et qui tout simplement boivent momentanément les eaux de Clichy.

A Vichy (mère régénératrice de l'humanité dolente), tous les ans les victimes du carnaval parisien viennent ravitailler leur santé et faire des forces nouvelles pour l'hiver suivant. Là, dans une communion de misères corporelles, les femmes, les plus coquettes, les hommes les plus prétentieux, se rencontrant sous les arcades de la Grande-Grille ou dans les bosquets des Célestins, se font, elles entre elles, eux entre eux, les confidences les plus intimes. Ce que disait madame de

Sévigné de son temps est encore vrai de nos jours. On se raconte mutuellement les conséquences de l'ingurgitation, de la douche et du bain de la veille; on se fait part du résultat de l'analyse chimique. Pas d'autres soins, pas d'autres préoccupations à avoir.

On a travaillé onze mois au délabrement de sa santé, onze mois bien employés en dîners, bals, spectacles, nuits de jeu; on a vingt et un jours à consacrer à sa restauration.

Je ne jurerais pas que jamais personne ait pris régulièrement les eaux de Bade; le maigre robinet chargé de légitimer le titre que prend cette ville donnerait à peine quotidiennement à chaque étranger la valeur d'un verre à champagne. Le couvent de la Chartreuse produit plus de liqueur annuellement que Bade ne fournit d'eau.

Mais ce que je sais, c'est que le séjour de cet Eden est fort recommandé en cas d'hippocondrie et de spleen, contre lesquels il est souverain. Dans les maladies *noires,* la vue et le voisinage de la forêt *Noire* sont d'une efficacité reconnue; c'est presque de l'homéopathie.

Hombourg a une autre façon de médicamenter. Les plaisirs y sont remplacés, au point de de vue de la guérison des malades par cette fiévreuse activité que donne au sang les péripéties de la roulette et les coups imprévus du trente et quarante. Malgré ce que disait philosophiquement un expert en l'art de perdre son argent : Mettez à rouge, mettez à noire, c'est toujours Blanc qui gagne. »

Ems est la ville matrimoniale par excellence.

Mères millionnaires en quête de gendres titrés, veuves languissantes à la recherche de consolateurs, sont certaines de rencontrer sous les somptueux lambris du Kursaal les plus nobles partis personnifiés par les cavaliers les plus accomplis, les sportsmen les plus distingués.

Un notaire spécial, attaché à l'établissement, vivrait grassement du produit des actes de mariage élaborés à Ems pendant la saison des eaux.

Mais le mariage consommé, c'est à Spa que les jeunes épouses et les tendres convolées vont demander la réalisation du plus ardent de leur vœu.

L'aspirante aux joies de la maternité n'a qu'à y poser un instant, pendant neuf jours consécutifs, sa mignonne bottine (les deux pourraient y entrer à l'aise) dans l'empreinte du pied de Saint-Remacle ; de boire, ainsi placée, neuf verres de l'eau de la Sauvenière, et neuf mois après elle en a des nouvelles.

Je sais bien que les Voltairiens (il y en a partout) prétendent que l'énorme trace, ressemblant autant à un pied qu'à une boîte à violon, n'est pas celle laissée par le saint, et que le rocher primitif a été recouvert par une dalle sur laquelle l'art du tailleur de pierres a remplacé le miracle : peu n'importe, ce n'est que la foi qui sauve, puis pour celles qui ne croient pas à la vertu de la Sauvenière, n'y a-t-il pas à Spa les salons de la Redoute et la source du Pouhon ?

Autant et plus peut-être que l'aristocratie et la riche bourgeoisie, la gent littéraire et artistique est atteinte périodiquement du besoin des pérégrinations caniculaires. Quand vient l'été, journalistes, peintres, chanteurs et chanteuses, acteurs et actrices, qu'un labeur de chaque jour ne rive pas à Paris, prennent leur vol et viennent s'abattre aux mêmes eaux pour faire le même article, dessiner le même site, exécuter le même morceau, chanter le même air, jouer la même pièce.

Depuis quelques années pourtant, MM. Bénazet et Briguiboul offrent à Bade et à Ems la primeur d'œuvres nouvelles, généreusement rétribuées à leurs auteurs.

Beaucoup d'artistes inconnus à Paris ne vivent que sur leur réputation *aquatique*.

La célèbre A..., la charmante B..., l'inimitable C..., le joyeux V... n'ont jamais paru que sur le théâtre des Sables d'Olonne ou au casino de Bourbon-Lancy.

Certaines chanteuses qui, comme la cigale, ne chantent que l'été, mais tout l'été, et qui pour cela n'en sont pas plus dépourvues quand la bise est venue, — à cause de leur fréquentation habituelle des eaux, — sont connues sous la dénomination de chanteuses à *roulettes*.

Toutes les villes d'eaux se ressemblent ; qui en connaît une les a toutes vues : partout les mêmes maisons passées à la chaux, blanches, jaunes et vertes et converties en auberges; partout les mêmes rues, dont une plus large que les autres, plus ou moins bien pavées ; partout la même promenade, avec les mêmes arbres et les mêmes kiosques.

Pour les satisfactions de la vie matérielle, partout les mêmes chambres, partout la même table longue et étroite, partout le même dîner, et surtout le même dessert.

Un des côtés agréables des excursions thermales est la liberté qu'ont l'un et l'autre sexe de satisfaire à leurs goûts particuliers : tandis que l'homme le plus élégant, pour se reposer de l'habit noir et de la cravate blanche, est admis à toute heure en chapeau de forme demisphérique de toutes teintes, en jaquette, gilets, pantalons et guêtres de même étoffe de fantaisie, la femme la plus modeste trouve l'occasion de faire trois toilettes par jour. Le diable y a son profit : la paresse des hommes et la coquetterie des femmes.

Sans changer de caractères aussi souvent que de robes, les dames aux eaux en ont deux bien distincts :

autant elles sont familières et expansives dans la journée au salon de jeu, causant avec leurs voisins de
droite et de gauche, leur demandant la couleur sortie,
leur empruntant leur carte piquée, souriant même aux
croupiers, qu'elles consultent ; autant le soir elles
sont hautaines et guindées, refusant obstinément pour
cavalier tout homme qui ne leur a pas été présenté
officiellement, préférant au besoin valser et redower
entre femmes.

Chaque station thermale a sa *liste générale des
étrangers*.

En parcourant ce bulletin, on croirait lire l'*Almanach
de Gotha*, tant on y trouve de princes, de ducs, de mar-
quis et de comtes.

Aux eaux, toutes les demoiselles *seules* sont dames,
et presque tous les hommes sont décorés.

On voit des rubans de toutes couleurs, depuis la
nuance la plus tendre jusqu'au ton le plus foncé.

Je veux bien qu'autrefois, lorsque la mode des déco-
rations n'était pas aussi répandue, un bout de ruban à

la boutonnière constituât, à la table d'hôte, le droit à l'aile du poulet ; mais, aujourd'hui, il faudrait autant d'ailes que de convives.

Dans les villes de roulettes et de trente et quarante un article du règlement m'a toujours donné à réfléchir.

Cet article sinon écrit positivement en ces termes, a du moins le sens que voici : « Les salons sont interdits « aux habitants de la ville et des communes environnantes? »

Pourquoi?

L'administration aurait-elle peur, par hasard, que, tous les gens du pays, enrichis par le jeu, il n'y ait plus personne pour faire le métier d'aubergistes?

Je ne le crois pas.

PARIS A CLICHY

PARIS A CLICHY

I

Je ne dirai pas que *tout Paris* est ou est allé à Clichy, mais ce que j'affirmerai, c'est que *tout Paris* y est ou y a été représenté. Depuis le porteur d'eau jusqu'au prince de sang royal, les cellules de la prison pour dettes ont abrité, au nom de la civilisation et de la morale, les gens les plus humbles et les personnages les plus haut placés dans la hiérarchie sociale.

La loi qui a porté à 45 francs par mois, au lieu de 30 francs, la somme alimentaire que doit déposer le créancier incarcérateur est un progrès.

8.

Imposer le luxe est de toute justice. Or, vouloir nourrir ses débiteurs et se payer, partant, le plaisir de leur
captivité, n'est-ce pas d'un luxe effréné?

La contrainte par corps, du reste, n'est guère profita-
ble qu'aux usuriers et aux faiseurs ; eux seuls à peu près
l'exercent.

Le négociant ayant affaire à d'autres négociants, s'il
ne peut faire face à ses échéances, obtient un concor-
dat et n'est pas emprisonné. S'il est accusé de mauvaise
foi, c'est ailleurs qu'au tribunal de commerce qu'il est
jugé; c'est ailleurs qu'à la maison de Clichy qu'il est
renfermé.

L'assimilation d'une lettre de change à un acte de
commerce est tout simplement une convention qui,
supprimée, sauverait souvent la fortune, et quelquefois
l'honneur des familles.

II

La facilité qu'on a de faire arrêter un étranger débiteur est des moins hospitalières.

Un Italien, un Russe, un Anglais qu'on sait riche est bien apparenté, va chez un fournisseur quelconque pour un modeste achat; encouragé et poussé par ce dernier, il fait une forte commande de bijoux, d'habits ou de chemises. Quelques jours après, il reçoit livraison; puis, vingt-quatre heures après, le marchand, au moyen d'une facture extraite de ses livres, obtient autorisation pour sûreté de sa créance de faire arrêter le débiteur.

Pourquoi donc ce marchand a-t-il vendu, s'il ne croyait pas à la probité de son client? C'est que, connaissant l'article du Code, il préméditait déjà l'incarcération.

III

Bien plus brutale et bien plus humiliante encore que la prison est l'arrestation.

Un matin, il fait nuit encore (pour éviter la discussion de l'heure on a inventé une moyenne du jour), on sonne chez vous ; votre domestique va ouvrir. Un homme donne votre nom ; un second individu, qui était caché contre la paroi, se glisse à la suite du premier, et, tenant la porte ouverte, livre le passage à deux autres personnages. Les deux premiers sont ce que l'on désigne sous le nom honnête de recors ; les deux autres représentent le garde du commerce et M. le commissaire de police. Je dois dire, à l'honneur des commissaires, que bien peu, parmi eux, consentent à prêter leur autorité à l'exécution d'un acte auquel ils sont d'autant moins forcés, que la bonne volonté de certains de leurs confrères est plus grande, en raison du prix à part qui leur est payé pour la vacation.

Une fois entrés dans la place, les deux recors marchant en tête de la petite troupe, et suivant pas à pas votre domestique, pénètrent en même temps que lui dans votre chambre, et arrivent au lit, où vous dormez profondément. Pour vous réveiller, ils tirent alors insolemment vos couvertures, et ces gens-là à qui, dehors, vous ne rendriez pas un coup de chapeau dans la crainte de vous compromettre, vous parlent, chez vous, la tête couverte.

Qu'adviendrait-il cependant si, réveillé en sursaut, n'ayant pas encore le sentiment de la situation, prenant pour des malfaiteurs ces êtres non classés (la confusion est admissible), le débiteur poursuivi abattait de deux coups de pistolet les deux violateurs de son domicile ?

Il est vrai que pour prouver leurs droits, leurs premières paroles sont celles-ci : « Monsieur le commissaire est derrière nous. » Vous vous levez ; jamais vous n'allez assez vite au gré de ces messieurs ; vous êtes trop lent à vous peigner, trop long à vous chausser ; à certaines de vos assertions ils répondent cyniquement : « Ce n'est pas vrai, vous mentez. » Et lorsque, le sang vous montant à la tête, vos tempes semblent vouloir se

briser, votre langue se paralyse un moment, vous entendez une voix avinée vous dire ironiquement : « Tiens !
on dirait que vous avez de l'émotion ! »

De l'émotion ? Non ! de l'indignation et de la rage !

Vous demandez alors le temps nécessaire ; une demi-
heure, une heure, pour envoyer chercher par votre
domestique l'argent qui vous est nécessaire. Ah ! bien
oui ! on a bien autre chose à faire ; « d'autres créanciers attendent » (le mot est joli). Puis, d'ailleurs, une
promenade en fiacre en bonne société n'a rien de désagréable.

Ce refus de complaisance provient tout simplement
de ce que tant que vous êtes dans votre domicile, l'arrestation n'est pas consommée et que les frais n'en sont
pas dus. Qui donc, si l'argent est compté chez vous
payerait la vacation du commissaire de police, les
droits du garde de commerce et les insolences des
recors ?

Pour en finir, ne voulant pas descendre à des suppli-
cations, d'ailleurs parfaitement inutiles, vous prenez
votre parti ; vous laissez une femme évanouie, un enfant
qui pleure, dans l'ignorance qu'ils sont tous deux du

motif et des conséquences de votre arrestation, et vous montez, en quatrième, dans le véhicule qui stationnait à votre porte. Ces messieurs vous font ordinairement la politesse de l'un des coins du fond, et un des recors consent à monter sur le siége à côté du cocher.

Vous êtes autorisé à baisser un store, mais cette précaution semble humilier vos compagnons de voyage.

Après quelques tours de roues, vous arrivez chez votre ami, chez votre parent, chez votre banquier, chez votre correspondant, et la dette, augmentée de près de 100 francs de frais, est acquittée.... vous êtes libre.

Mais, en une heure, par quels outrages, par quelles humiliations par quelles colères concentrées n'êtes-vous pas passé !

IV

Si ne trouvant pas la personne sur laquelle vous comptiez, ou si sa bonne volonté ou sa position pécuniaire momentanée sont en défaut, il vous reste la ressource d'aller en référé. Mais là rarement vous avez gain de cause ; le jugement qui vous condamne est parfaitement en règle ; vos incarcérateurs ne vous eussent pas fait arrêter s'ils eussent eu la moindre crainte de supporter les frais d'une arrestation irrégulière.

En sortant de devant M. le Président chargé des référés, le mot d'ordre donné par le garde du commerce au cocher est ordinairement celui-ci : « 70, rue de Clichy. »

A ces paroles qui comme un dernier glas funèbre, vous retentissent au cœur, tout espoir est perdu ; vous faites un dernier appel à votre énergie, et souvent, comme dans tous les malheurs, la certitude de votre sort vous accable moins que l'espérance douteuse que vous aviez gardée jusqu'au dernier moment.

Tous ceux qui ont été arrêtés et que j'ai interrogés pour l'acquit de ma conscience m'ont dénoncé le même phénomène.

V

Arrivé à Clichy, vous êtes fouillé ; le greffier prend vos noms et prénoms, en l'échange desquels il vous donne un numéro d'ordre. Il consigne sur un registre le chiffre de la somme pour laquelle vous avez été incarcéré : ce chiffre a augmenté encore de plus de 180 francs : droits d'écrou et consignation alimentaire.

Une aile particulière du bâtiment est réservée aux femmes, moins nombreuses que les hommes, mais d'un autre côté moins bien partagées ; car, tandis que les maris peuvent recevoir dans leurs cellules leurs moitiés légitimes, il est interdit aux détenus de donner l'hospitalité à leurs époux.

Cette sévérité peu galante de la loi tient à ce qu'un de ses articles n'autorise pas l'emprisonnement pour dette d'une femme enceinte.

VI

Le beau sexe a contre lui non-seulement les faiseurs
et les usuriers d'argent, mais encore (comment dirai-
je ?) les usuriers du libertinage.

En 1832 ou 33, une mère de famille, sans se douter
du piége qui lui était tendu, avait accepté de l'un de
ses voisins, contre titre, le prêt d'une petite somme
nécessaire à son commerce.

Le billet à l'échéance n'ayant pas été payé exacte-
ment, le créancier prit jugement et obtint contre sa dé-
bitrice la contrainte par corps, qu'il fit immédiatement
exécuter.

Débarrassé de la mère, le vieux libertin poursuivit de
ses obsessions, de ses menaces mêmes, la fille de sa
victime, qui, effrayée, sans appui et craignant de tomber tôt ou tard dans les embûches que lui tendait continuellement l'indigne voisin, eut recours à la justice,

laquelle l'autorisa à être renfermée avec sa mère.

Jamais usurier mérita-t-il mieux que celui-ci l'appellation de *monsieur Vautour* ?

VII

Dans le but d'améliorer leur position et de venir en aide aux plus malheureux d'entre eux, les détenus de Clichy ont formé une société philanthropique dont la caisse est alimentée par une cotisation d'entrée, les dons volontaires et l'*affermage* des jeux.

J'ai bien dit, car à Clichy comme à Spa, il y a un fermier des jeux ; seulement celui-ci n'a pas l'autorisation de tailler le trente-et-quarante et d'exploiter la roulette. Son monopole consiste dans l'autorisation exclusive, qu'il a de percevoir un droit de location sur les billards, les quilles, les tonneaux, les lotos, les tric-tracs, les échecs et les dominos.

Les cartes sont rigoureusement interdites.

VIII

Un cabinet littéraire possède une bibliothèque assez complète et reçoit plusieurs journaux.

Un beau jardin ombragé de vieux arbres est du matin au soir ouvert aux prisonniers, qui ont tous une cellule particulière.

D'une grandeur uniforme, trois mètres de longueur sur deux mètres vingt de largeur, chacune de ces cellules a le même mobilier : un lit de fer, composé d'une paillasse, de deux matelats et d'un oreiller ; deux petites tables et trois chaises.

Plusieurs de ces chambrettes cependant sont ou ont été plus splendidement agencées; le mobilier de certaines d'entre elles a même excité la convoitise des créanciers qui ont voulu y faire pratiquer des saisies. La manière dont eux ou leurs mandataires ont été reçus à Clichy a tempéré leur avidité. En effet, un incarcérateur pénètre-t-il dans l'intérieur de la maison, s'il est reconnu, le cri *au loup! au loup!* se fait immédiatement entendre ; ce cri, répété de bouche en bouche, a bientôt réuni tous les habitants de l'endroit, et ce qui peut arriver de plus heureux au créancier ou à son émissaire, c'est qu'il ne lui soit administré qu'une forte douche sous le robinet de la fontaine.

Un bâtiment séparé est réservé comme lieu de pénitence aux détenus indisciplinés.

Pas de jeux, pas de distractions, pas de jardin ; c'est là que, comme faveur, les incarcérateurs, quand par hasard ils deviennent incarcérés,

> *Triste retour des choses d'ici-bas,*

demandent à être placés.

IX

Tous les soirs, à dix heures, les détenus rentrent dans leurs cellules, et de l'extérieur sont *louclés* chez eux ; ils ont le droit de lire et de travailler toute la nuit à la clarté permise de leur bougie. Ils ne doivent toutefois pas, s'ils sont poètes, chercher leur inspiration dans la contemplation, à travers barreaux, de la lune et des étoiles.

Il y a quelques années, un jeune étranger qui, le lendemain même, devait être rendu à la liberté, tenu éveillé par la joie, respirait par anticipation l'air du dehors à sa fenêtre, lorsque sommé de se retirer par la sentinelle, qu'il n'entendit ou ne comprit pas, il devint le point de mire d'un coup de feu.

Au matin le gardien, lui apportant la bonne nouvelle de la délivrance, ne trouva qu'un cadavre.

X

Sur la foi de certains vaudevillistes de 1830, bien des bourgeois croient encore que les prisonniers pour dettes se livrent à une *noce* continuelle, *sablent* le champagne et *célèbrent* l'amour.

Ils se trompent ; d'abord l'argent, généralement, n'est pas très-abondant à Clichy ; ensuite, tous les vins blancs et toutes les liqueurs n'importe leur couleur, sont proscrits ; puis enfin, le lièvre indispensable au civet de l'amour manque complétement.

Les visiteuses *amies* ne sont reçues qu'au parloir.

Il y a des détenus des quatre saisons ; les charbonniers ne sont guère en prison que l'été et les porteurs d'eau que l'hiver ; cela s'explique par leur profession qui, à un certain moment de l'année, devient une sinécure. N'ayant rien à faire chez eux, ils ne sont pas fâchés d'avoir des créanciers qui les nourrissent et de trouver à soigner des ménages de prisonniers.

A la reprise de leurs affaires, ils quittent Clichy plus riches qu'ils n'y sont entrés et ils ont payé leurs dettes.

XI

Qui n'a connu sur le boulevard des Italiens, qu'il affectionnait sans doute à cause de son nom, un Mila-

nais haut comme une botte, enluminé comme une
pomme d'api, bon petit garçon du reste, qui, après
avoir mangé une fortune patrimoniale assez ronde, se
trouva tout à coup poursuivi à outrance par tous
ses fournisseurs, indignés de ce qu'il n'avait plus d'argent ?

La première fois qu'il fut arrêté, il en fut quitte
pour la peur et une promenade de cinq à six heures en
fiacre, avec station à différentes portes.

La seconde fois, il alla jusqu'à Clichy, ou il resta une
demi-journée.

— Tu as dû bien t'ennuyer, lui disait quelqu'un (tout
le monde le tutoyait, et il tutoyait tout le monde).

— Eh ! non, répondit-il, j'ai trouvé un pédicure
que je ne connaissais pas, et je me suis fait faire les cors.

— L'as-tu payé, au moins?

— Tiens, j'y pense ; je suis sorti si vite que je n'en
ai pas eu le temps ; mais je vais prendre un fiacre et
monter à la prison.

— C'est bien inutile, répliqua l'interlocuteur, d'ici
quelques jours tu reverras ton homme, et la course ne
te coûtera rien.

En effet, le surlendemain, incarcéré de nouveau, mon Italien inaugurait une nouvelle campagne de trois mois.

A peine libre, il est arrêté encore ; mais cette fois pour un semestre. A sa sortie, il en avait assez, et, voyant que plus il allait à Clichy, plus ses séjours s'y prolongeaient, il prit le sage parti de retourner à Milan, d'où il fait des pieds de nez aux gardes du commerce.

Cette histoire me rappelle celle d'un élégant directeur de théâtre qui, bloqué un jour, recouvrit le lendemain sa liberté.

Un auteur dramatique, qui n'avait jamais pu obtenir de lui la lecture d'une pièce, pensant que l'occasion était bonne et que, n'ayant rien de mieux à faire, le captif l'écouterait volontiers, se dirigea vers Clichy son manuscrit dans sa poche.

Mais déjà il était trop tard.

— M. X...? demanda-t-il à la porte.

— Il vient de sortir, répondit le concierge, au courant de la situation du directeur ; mais, si vous voulez attendre un moment, il ne tardera pas à rentrer.

VILLA OMBROSA

VILLA OMBROSA

SONGE D'UNE NUIT PARISIENNE

Un de mes amis, auteur dramatique des plus spirituels, à qui le théâtre, toutefois, ne donnait pas assez
largement des moyens d'existence, s'est lancé depuis
quelques années dans les affaires.

Menant de front la comédie et la spéculation, une confusion s'est faite en son cerveau : quelquefois il se
surprend à mettre en couplets une idée industrielle ;
d'autres fois il diviserait volontiers en parts une situation de vaudeville.

Dernièrement, ayant signé dans la journée, avec des

10

commanditaires un acte qui le nommait directeur d'une entreprise nouvelle, il alla, pour se reposer l'esprit, passer sa soirée à l'Ambigu-Comique. On jouait l'*Aïeule*.

Après le spectacle il rentra chez lui ; mais un amalgame de ce qu'il avait vu se forma dans sa tête, et, pendant la nuit, en rêve, il eut une singulière vision. Laissons-lui la parole :

« A peine étais-je endormi, m'a-t-il raconté, que je fus transporté par un songe, au cœur du bois de Boulogne, au milieu d'un charmant jardin, à côté du Pré-Catelan.

Clos d'une haie fleurie de rhododendrons et d'hortensias, plantée en talus, ce jardin était impénétrable aux regards des promeneurs du bois.

Un bassin de forme oblongue, entouré d'un cadre de verdure et laissant voir, sous la transparence de son eau limpide, qu'on pouvait changer à volonté, un tapis de sable jaune passé au tamis et sur lequel jouaient de petits poissons rouges ou argentés, tenait le centre de cette oasis embaumée par les senteurs printanières.

Un calorifère était adapté au bassin.

A droite était un kiosque moresque ; sur la porte on lisait : TIR AU PISTOLET.

A gauche, un autre pavillon semblable, avec cette inscription : CABINET DU DIRECTEUR.

Au fond d'une allée ombreuse, où gazouillaient des oiseaux sans nombre, s'élevait un arbre séculaire qui semblait engager au repos.

A la plus forte des branches de cet arbre, s'avançant dans le mystère de l'allée comme le bras d'une potence, était attachée une corde luisante et savonnée.

Cette corde se terminait par un nœud coulant.

Un escabeau élégant et sentant l'usine Tronchon était là comme pour aider à se hisser jusqu'au nœud.

Intrigué, je me demandais où je pouvais être lorsque je vis sortir du cabinet du directeur un homme d'une soixantaine d'années, tout de noir habillé, comme le page de Mme Marlborough, cravaté de blanc et tenant un journal à la main.

Cet homme, évidemment, était le directeur de l'établissement.

Comme dans une comédie, à une scène d'exposition, il monologuait.

— Hier, un franc vingt-cinq centimes de baisse, se disait-il. Aujourd'hui, un vent d'est qui porte sur les nerfs. L'inauguration de la VILLA OMBROSA sera brillante... Il ne peut manquer d'y avoir dans Paris des joueurs décavés, des amants désespérés et des maris contrariés... La presse est bonne d'ailleurs...; j'aime surtout l'article du *Journal des désillusionnés.* » Et il se mit à lire son journal : « Oh ! la belle ! oh ! la grande ! oh ! la généreuse idée qui vient de germer dans la cervelle d'un spéculateur de génie !... Rien ne manque désormais au bois de Boulogne, dont l'éclairage *à giorno* et le soleil, pénétrant partout, avaient éloigné tous les mélancoliques ; car c'est dans cette promenade aimée des Parisiens, sous le feuillage touffu des arbres odorants, que le déjà célèbre Hilarion a placé son établissement humanitaire :

Un endroit écarté,
Où de mourir en paix on ait la liberté.

Et maintenant, au sein même des folles joies, au centre des concerts tapageurs, à côté des bals champêtres, celui qui, comme nous, a compris le côté grotesque de la vie, trouvera un asile discret où il sera sûr de se faire à son gré une fin tranquille. »

Je suis chez un échappé de Bicêtre, me dis-je d'abord, et, comme le directeur s'avançait vers moi, je me blottis dans un massif de cannas gigantesques, semblables à ceux qu'on ne peut rencontrer qu'à Vichy, dans le jardin de M. Callou, l'obligeant administrateur des eaux, d'où je pouvais tout voir et tout entendre, curieux que j'étais de savoir jusqu'à quelle excentricité pouvait monter la folie humaine.

— Hilarion, continua à lire mon homme, est non-seulement un spéculateur, mais encore un philanthrope, il donne un jour par semaine, le vendredi, à la pendaison gratuite. »

— Parfait! parfait! — murmura-t-il. Puis, d'une voix de tonnerre, il cria par deux fois : Grosbillard! Grosbillard!

A cet appel, un homme de quarante ans, vêtu comme un garçon de café, ayant cheveux grisonnants frisés, veste ronde, linge propre, bas blancs et escarpins, accourut.

— Me voici, maître.

10.

— Bonne tenue ! Montrez-moi la carte du jour.

— Voilà... Les prix sont en regard. Grosbillard tendit à Hilarion une espèce de carnet, sous forme de carte de restaurant, sur lequel on lisait en lettres d'or, sur maroquin vert :

VILLA OMBROSA

PRIX DES CONSOMMATIONS

— Parfait ! parfait ! redit Hilarion.

— J'ai, en raison de la bonne société que vous voulez attirer ici, tenu les prix un peu élevés, voyez plutôt :

La rivière.	10 fr.
id. chauffée	30 fr.
id. parfumée	200 fr.

— Vous comprenez, maître, il faut faire payer le luxe.

— Rien de plus juste.

— Je continue.

La corde de service . . . . .   1 fr. 50

       id.   neuve. . .   5   »

Un pistolet.   2   »

Deux épées ou sabres   6   »

Fonds de théâtre, — Sites riants,

    pittoresques, sauvages ; à la

    volonté des duellistes . . .   75   »

— Parfait ! parfait ! Retournez à votre poste, Grosbillard, je suis content de vous.

— Pardon, maître, — reprit ce dernier, — mais il y a encore un petit article, celui qui me concerne.

— C'est vrai ; à combien vous cotez-vous ?

— Voici, maître : « Un garçon rédacteur, Anatole Grosbillard, homme discret, ex-clerc de notaire, ex-clerc d'huissier, est à la disposition des personnes qui ont des volontés dernières à dicter ; on peut traiter avec lui à l'heure... »

— Ou à la course.

— Hélas ! maître, vous dites bien : dans le notariat, je traînais une voiture de remise ; chez l'huissier, ce n'était plus qu'un fiacre ; mais ici c'est le corbillard.

— Alors, allez vous atteler... Ou plutôt, non, allez

ouvrir, car la cloche nous annonce des pratiques.

En effet, la sonnette du jardin avait tinté mystérieusement.

Grosbillard se dirigea vers la porte, et Hilarion rentra dans son cabinet.

Eh bien, ce qui me paraissait tout à l'heure le comble de la folie, me semblait maintenant, toujours dans mon sommeil, parfaitement rationnel et logique ; je m'étais fait à l'idée et j'eusse volontiers embrassé Hilarion qui prenait à mes yeux les proportions d'un grand homme ; je voulais même lui demander, comme faveur, de me céder quelques actions de son entreprise, tellement je la trouvais bonne ; mais la crainte d'être refusé et probablement mis dehors, comme un profane, me cloua sous l'ombre protectrice des cannas.

Bientôt Grosbillard revint accompagnant un homme d'un âge mûr, mais en proie à une grande agitation ; cet homme passait nerveusement les doigts dans ses cheveux hérissés, puis se frappait le front d'une main crispée.

— Que désire Monsieur ? demanda timidement Grosbillard.

— Je désire être délivré du cauchemar qui m'assiége... Je désire que tu me prouves que ma femme n'est pas coupable... qu'on a enchaîné sa volonté...

— Ce n'est pas ma partie.

— Je le sais, et ta réponse me rend à la réalité... Au reste, on m'avait toujours dit que mon nom me porterait malheur... car on m'appelle Cornaro.

— Alors, choisissez, et Grosbillard remit la carte à Cornaro.

En ce moment la sonnette retentit pour la deuxième fois ; Grosbillard courut ouvrir, et, pendant que Cornaro consultait la carte, j'entendis très-distinctement une voix qui demandait :

— La rivière, s'il vous plaît, et chauffée.

— Boum ! fit Grosbillard.

— Mais, je la veux aussi, dit Cornaro.

— Dame ! vous ne vous décidez pas, monsieur a parlé avant vous.

— Mais j'étais là avant lui.

— Ma foi ! arrangez-vous, je vais toujours chauffer l'eau, la prendra qui voudra... et, en disant ces mots, Grosbillard alla s'occuper du calorifère.

— Monsieur,— dit Cornaro au nouveau venu,— j'espère n'avoir pas de discussion avec vous... il est des
moments dans la vie où on n'éprouve pas le besoin d'être
parlementaire.

— Je suis précisément dans un de ces moments...
vous ne supposez pas, je pense, que je sois ici pour mon
plaisir.

— Eh bien alors, qu'est-ce cela vous fait? Prenez la
corde... crac ! et la farce est jouée.

— Prenez un pistolet... pan ! vous n'entendez même
pas le bruit.

— Si j'ai choisi la rivière, j'ai probablement mes
raisons, Monsieur....

— Tiburce... si vous voulez bien.

— Tiburce... soit.

— Et croyez-vous que je n'aie pas mes motifs...
voyons, vous n'êtes pas si pressé.

— Moi !.. pas si pressé... mais vous ne savez donc pas
ce qu'il y a de terrible de se dire, un beau jour, non, ou
un jour maudit : « Ma femme me trompe, » lorsque
jusqu'à ce jour on avait tranquillement dormi sur ses
deux oreilles... Oh si je la tenais ! — continua Cornaro

en s'arrachant une poignée de cheveux. — Mais vous-
même qu'est-ce qui vous presse ?

— Le poids que j'ai là, — répondit Tiburce en montrant sa poitrine !— Croyez-vous que, sans ébranlement
de tout le système, en deux heures et demie, on puisse
voir disparaître toute sa fortune ?

— Je n'ai jamais mis le pied à la Bourse... mais d'ailleurs, qu'importe l'argent ?

— L'argent !... c'est tout... Tiens je vous trouve joli
de vous plaindre de l'infidélité d'une femme et de ne
pas comprendre ma position... Je donnerais toutes les
femmes du monde pour 1 franc 25 de hausse.

— Oh ! c'est que vous n'avez pas aimé, vous !

— Mais si... raisonnablement... hier encore, à minuit, Euphrasie est venue me voir. Eh bien, sur le
point d'en finir avec l'existence, je l'ai reçue convenablement.

— Euphrasie ! dites-vous ? — exclama Cornaro.

— Euphrasie.

— Une blonde ?

— Ma foi, je crois que oui.

— De vingt-cinq à trente ans ?

— Je ne lui ai pas demandé son âge... mais à peu près... vous la connaissez ?

— J'en ai peur... qu'en avez-vous fait ?

— Elle doit être rentrée chez elle; quand je l'ai quittée ce matin, elle attendait que la porte fût ouverte pour ne pas être obligée de sonner... Vous comprenez... le concierge ?...

— Plus de doute, — s'écria Cornaro, éclatant comme un obus, — sachez, Monsieur, que cette Euphrasie est ma femme... Hier soir elle est sortie sous prétexte d'aller au spectacle... Je n'aime pas le théâtre moi... et ce matin à six heures son lit n'était pas défait.

— Quelle boulette ! murmura *in petto* Tiburce.

— Puisque le hasard fait que je vous rencontre, vous allez me rendre raison... Quelles sont vos armes ?

— A quoi bon, puisque dans un moment...?

— Monsieur, seriez-vous un lâche ?

— Cédez-moi la primauté de la rivière, et vous allez voir.

— Oh ! tu ne m'échapperas pas !

Tiburce, arrivé au paroxysme de la colère, appela : « Garçon ! Garçon ! » Grosbillard parut.

— Des épées, des sabres, des pistolets...

— Ces Messieurs ont changé d'idée ? — demanda Grosbillard, ils veulent se battre.

— Il paraît, répondit Tiburce. Au fait, qu'est-ce que ça me fait de mourir d'une manière ou d'une autre ?

— Et où ces Messieurs veulent-ils se battre ? — dit Grosbillard en présentant la carte.

— Ici, parbleu ! — firent en même temps Tiburce et Cornaro.

— Je comprends bien, mais quelle scène ? France, frontière ou étranger ?

— Qu'importe !

— Chacun à son goût, — objecta Grobillard.

— Va pour la frontière, — répliqua Tiburce, — finissons-en.

— Bons consommateurs ! — murmura Grosbillard en s'en allant ; — je vais prévenir le patron.

Bientôt Grosbillard revint apportant les engins de destruction demandés et traînant sur des roulettes une espèce de paravent représentant la frontière belge.

Il était suivi d'Hilarion qui se mit courtoisement à la

11

disposition des adversaires, pour leur servir de témoin avec Grosbillard.

L'épée fut l'arme choisie.

A peine Cornaro et Tiburce avaient-ils croisé le fer, qu'on entendit une voix nasillarde en dehors du jardin, dans une allée du bois, annonçant « *La Patrie;* journal du soir. »

Tiburce abaissa son épée.

— Pardon, — dit-il à son partenaire, — mais, avant de mourir, je serais bien aise de savoir ce qu'a fait la Bourse aujourd'hui, et, si vous permettez...

Sur un signe d'assentiment de Cornaro, Grosbillard s'éloigna et rapporta bientôt un numéro du journal.

Tiburce se jeta avidement sur la feuille, courant au deuxième verso, puis la lançant en l'air : *Trala la la !* chanta-t-il, en dansant.

— Que signifie cette gaieté ? demanda Cornaro.

— Elle signifie que je vous abandonne la rivière, que je ne me bats pas... je suis sauvé! 1,45 de hausse aujourd'hui.

— Qu'est-ce que ça me fait à moi ?... ça ne me rend pas l'honneur... Allons, en garde !

Hilarion, qui avait ramassé le journal, le lisait à son tour, lorsque tout à coup arrivé aux faits divers il s'écria :

— Oh! c'est curieux !

— Qu'est-ce ? — demanda Tiburce.

— Que vous importe? — répliqua Cornaro, en garde ! en garde !

— Attendez au moins que je sache...

— Le singulier cas de sommeil, reprit Hilarion.

— Laissez-nous avec votre sommeil.

— Mais non, lisez-nous ça... — dit Tiburce qui voulait gagner du temps.

— Eh bien écoutez, ce n'est pas long.

Et Hilarion lut : « Ce matin, en faisant leur ronde dans le théâtre de la Gaîté, les pompiers de service ont trouvé une femme endormie au fond d'une loge. Cette femme, qui a déclaré se nommer Euphrasie Cornaro... »

— Euphrasie Cornaro ! — s'écria Cornaro en arrachant le journal des mains d'Hilarion; — mais pourquoi m'avoir dit alors que ma femme était chez vous? demanda-t-il à Tiburce.

— Moi !... je ne vous ai jamais dit ça.

— Comment ! Vous ne m'avez pas dit ?

— Jamais... je vous ai dit que j'avais eu la visite d'une Euphrasie... mais il y a plus d'une Euphrasie...

C'est vrai... mais voyons, continuons: « Cette femme qui a déclaré se nommer Euphrasie Cornaro, a prétendu qu'après s'être endormie au premier acte de *la Maison du Baigneur*, elle n'avait entendu ni le bruit des applaudissements, ni le tapage qui est la conséquence de la fin du spectacle. »

Ce fut alors à Cornaro de sauter; il embrassa Tiburce, il embrassa Hilarion, il embrassa Grosbillard, il embrassa le journal. — Oh ! mon Euphrasie, — disait-il, — toujours vertueuse! Pardon de t'avoir soupçonnée !

J'en étais là de mon songe, lorsque je fus éveillé par mon domestique qui venait ouvrir mes rideaux, m'apportant un bulletin de répétition pour le théâtre du Palais-Royal et le *Journal des Actionnaires*. Il faisait grand jour ; j'avais dormi dix heures, pendant lesquelles le sol et les toits s'étaient couverts d'une épaisse couche de neige. »

LE CAVEAU

LE CAVEAU

———

Qui croirait que, par le temps de prosaïsme où nous vivons, lorsque le *ferme*, la *prime* et le *report* forment le fond des conversations à l'ordre du jour, lorsque les appétits matériels sont continuellement excités, il existe à Paris même, au centre du mouvement industriel, une société d'hommes spirituels qui, laissant à d'autres le côté morose de la vie, professe le culte de la gaieté et se réunit une fois par mois pour *chanter*, *rire et boire.*

Entretenir et propager le goût de la chanson, tel est le but poursuivi par cette société.

Datant de 1737, elle eut pour fondateurs Piron, Collé,

Crébillon fils, Panard et d'autres joyeux épicuriens, experts en l'art du savoir-vivre.

Elle prit son nom LE CAVEAU, d'un cabaret très en renom, où se réunissaient, deux fois par mois, carrefour de Bussy, ses inaugurateurs.

Elle compta parmi les membres admis plus tard Gallet, Crébillon père, Duclos, Bernard, Moncrif, Helvétius, Rameau. N'était pas reçu qui voulait; un bon estomac était utile, mais l'esprit et la verve étaient indispensables.

Lorsque arriva la révolution, qui n'aimait pas les gens spirituels et gais, prétendant qu'on n'est pas venu au monde pour s'amuser, la société du *Caveau* dut se disperser, après avoir vécu soixante ans.

Cette première phase du *Caveau* n'a laissé aucun recueil.

En 1796, l'orgie révolutionnaire s'étant apaisée, plusieurs vaudevillistes, gens de théâtre ou seulement d'esprit, tels que Barré, Radet, Desfontaines, de Piis, les deux Ségur voulurent réorganiser une société que 93 avait tuée; ils n'osèrent toutefois en reprendre le titre, qu'avait en horreur tout ce qui avait appartenu à l'ancien régime, et fondèrent les *Dîners du Vaudeville.*

Cette seconde transformation du *Caveau* dura jusqu'en 1802. Armand Gouffé fut un de ses membres les plus assidus et laissa un livre sous le titre de l'*Esprit du Caveau.*

En six ans, les membres des *Dîners du Vaudeville* publièrent cinquante-deux numéros de chansons.

L'année qui vit s'éteindre cette société vit naître les *Déjeûners des garçons de bonne humeur.* Si ce n'était pas positivement la résurrection de la même société, composée des mêmes hommes, c'était du moins la continuation de la même idée.

Leurs créateurs furent Désaugiers, Plantade, Piccini fils.

Cette troisième incarnation de l'idée primitive donna le jour à une vingtaine de cahiers composés de vers et de chansons.

Vint, en 1804, la société des *Lapins* et, concurremment, les *Bergers de Syracuse.*

Les *Lapins* ont légué deux volumes à la postérité.

La société des *Bergers de Syracuse,* dont le président s'appelait le *Grand pasteur,* les membres d'un nom champêtre et le lieu de réunion le *Hameau,* n'a produit qu'un mince volume.

Quelques sociétaires des *Diners du Vaudeville,* s'adjoignant Ducray-Duménil, Brazier, Capelle, Désaugiers, organisèrent, en 1807, le *Caveau moderne.* En 1813, Béranger s'y fit recevoir, présenté par son ami Désaugiers.

C'est à Ducray-Dumesnil que le *Caveau* actuel doit sa grande relique : le verre de Panard, dont l'auteur de tant de romans célèbres avait hérité. Sous la restauration, en 1817, la politique n'étant pas tout à fait étrangère à l'événement, le *Caveau moderne* cessa d'exister. Ses publications forment onze volumes.

Ce fut seulement en 1834 que le *Caveau,* celui qui vit et chante aujourd'hui, se reconstitua définitivement ; car je ne compte pas comme existence un souffle de vie qu'il eut en 1827, sous le nom de *Réveil du Caveau,* et qu'il rendit avec le dernier soupir de Désaugiers. Il s'était formé alors, des épaves des deux sociétés, les *Soupers de Momus* et les *Soirées de Momus*.

Son repas d'inauguration et partant sa première séance, eurent lieu au restaurant Champeaux, place de la Bourse. Le voisinage du monument témoin et cause de tant de drames terribles ne pesa nullement sur la gaieté des dineurs. On ne s'occupa en aucune manière du cours de la Bourse et de la rente, mais on but sec, on causa joyeusement et on chanta fort.

Ils étaient treize membres à table, et ce nombre fatal n'a porté malheur à personne.

Si tous ne vivent plus aujourd'hui, — après trente ans, — la société est pleine de santé et paraît devoir arriver à la vieillesse la plus reculée.

Le diner mensuel rassemble, le premier vendredi de chaque mois, un grand nombre de sociétaires.

Après avoir été donné longtemps chez Pestel, qui avait même approprié un de ses salons à la commodité du *Caveau*, ce repas se fait maintenant au restaurant Douix, au Palais-Royal.

Parmi les restaurateurs du *Caveau*, nous trouvons les
noms de Rauzet d'Orinière, Armand-Séville, Maréchalle,
Salgat, Leroy de Bacre, Audoin de Géronval, Ramon de
la Croisette et Gellement de Marennes; au milieu des
premiers sociétaires, nous distinguons de Rougemont,
de Tournay, Em. Dupaty, Ch. Nodier, de Jouy, Bouilly,
Capelle, Frédéric de Courcy, ayant tous passé du *Caveau*
moderne au moderne *Caveau*.

A ces membres de la première heure, il faut adjoin-
dre les adeptes arrivés plus tard, mais dont le labeur
n'a pas été moindre... Au contraire. Citons :

MM. J. Cabassol a offert à la société 272 productions.

A. Giraud	—	224	—
A. Montémont	—	220	—
J. Lagarde	—	198	—
Van Cleamputte	—	148	—
A. Salin	—	141	—
L. Protat	—	129	—
Poincloud	—	117	—
Eug. Désaugiers	—	111	—
Fournier	—	84	—
F. de Calonne	—	84	—

Il nous semble encore entendre ce dernier, latiniste de première valeur, ancien professeur de l'université, toujours chansonnier, entonner au dessert des nombreux dîners d'un cercle qui n'existe plus, son œuvre favorite : *les Phases de la Chanson*, de laquelle nous avons retenu ce couplet :

> Dans ma chaire professorale,
> Moi, qui, sous un noir domino,
> Fis trente ans la leçon orale
> Sur l'*arma virumque cano*,
> Devant l'incomparable Cygne
> Je devais, timide pinson,
> Si loin de ce poëte insigne,
> Cultiver au moins la chanson.

Qui n'a pas ouï parler de Donvé, n'allant jamais nulle part sans se faire suivre de sa guitare, dont il accompagnait son fameux *Tambour de Marengo*. Et d'Ad. Choquart, palsembleu !

Qui ne connaît pas, par leurs œuvres du moins, le fabuliste Lachambeaudie, le poëte Pierre Dupont ?

De nouvelles recrues se sont faites dernièrement dans les rangs des vaudevillistes. Clairville en est la plus importante.

12

Aux instances de M. Ramon de la Croisette, qui, en 1834, l'invitait instamment à bien vouloir rentrer au nouveau *Caveau*, Béranger répondit par une lettre dans laquelle il arguait de son grand âge et de son besoin de tranquillité pour ne pas se rendre à la demande de son ami.

Toute question politique, sur les statuts de la société, en est complètement proscrite.

La religion ne doit pas être attaquée.

Quant à la décence, elle y est toujours respectée, car il ne faut pas confondre le grivois et l'immoral.

En cas d'infraction aux prescriptions du règlement, le président a le droit de retirer la parole ou la voix.

Ce président, qui est nommé pour un an, par l'élection, ne peut être élu deux fois de suite. A chaque dîner, le verre de Panard, sorti de l'écrin, est déposé devant son couvert.

Parlons des productions.

D'après le relevé de toutes les œuvres du *Caveau*, depuis sa réorganisation (1834), jusqu'en 1860, le chiffre total des morceaux imprimés s'élève à près de quatre mille, formant vingt-six volumes ; deux cent vingt-trois collaborateurs y ont concouru.

Qui donc a dit que la chanson était morte ?

—

Nous avons puisé la plupart de nos renseignements dans les annales même du *Caveau*, qui continue à publier régulièrement son volume de poésies ; quelques documents empruntés à d'autres sources nous ont facilité dans notre récit, aidé, que nous étions d'ailleurs, par ce que nous avons vu, connu et entendu.

BRIC A BRAC

12.

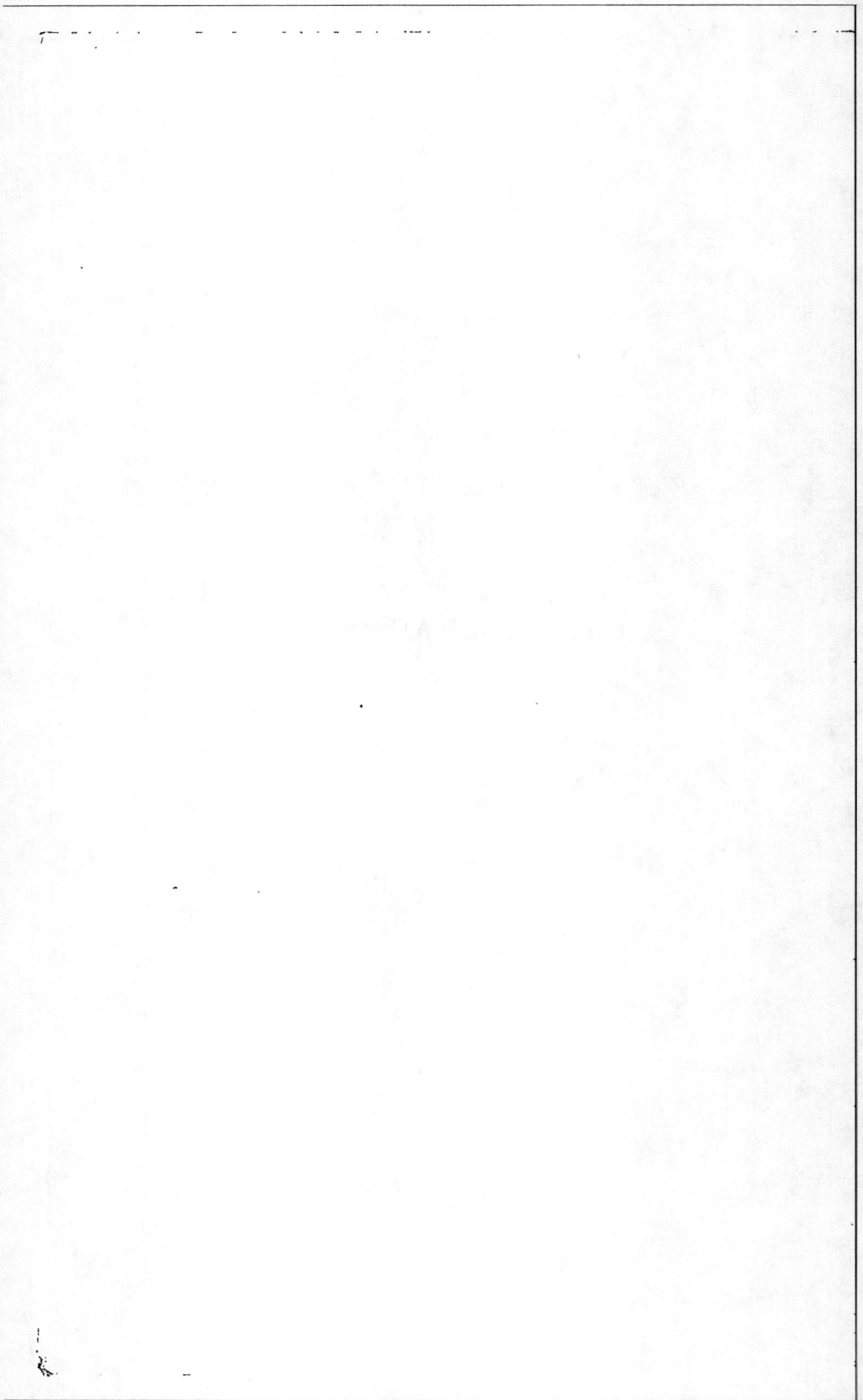

BRIC A BRAC

I

L'AGE QU'ON A A PARIS

— Quel âge a donc le duc de...? demandait, à un
courtisan, Louis XIV, alors âgé lui-même de soixante-
quinze ans.

— L'âge de tout le monde, sire, soixante-quinze ans,
répondit le courtisan.

Je ne prétends pas dire que ce ne soit pas aller un
peu loin ; mais je soutiens qu'à Paris, passé trente ans,
tous les hommes ont le même âge. Il est bien entendu
qu'il ne saurait être question ici que de gens valides,

et non de ceux que les maladies ont remisés. Les infirmités ne sont d'aucun âge. N'avez-vous pas rencontré des paralytiques de vingt ans ?

Quelle différence établissez-vous entre deux hommes bien portants, l'un de cinquante ans et l'autre de trente ans ? Le dernier a déjà perdu tout le prestige de la première jeunesse ; les avantages qui lui restent, tels que l'élégance native, la bonne tenue, l'esprit, l'expérience du cœur humain, le quinquagénaire les possède également. Leur mise est la même ; car à Paris, ce n'est pas comme en province, où les tailleurs, observant les quatre âges de la vie, l'enfance, l'adolescence, la maturité et la vieillesse, habillent leurs pratiques d'après leur extrait de naissance, leur imposant des vêtements qui, par leur forme, leur couleur et leur coupe, sont, pour ainsi dire, les dénonciateurs du nombre exact des années de ceux qui les portent.

Où voyez-vous à Paris des promeneurs en pantalon de nankin, en gilet à larges revers, en habit marron à boutons jaunes, en chapeaux bas de forme et larges de bords, tels que les exhibent les pères nobles et les comiques des Variétés et du Palais-Royal ?

Au point de vue de la galanterie, l'homme de trente ans et celui de cinquante peuvent prétendre aux mêmes succès ; ils peuvent l'un et l'autre faire naître encore des passions ; mais ils inspirent peu de caprices, et le cas échéant, ce serait pour des raisons exceptionnelles et tout à fait en dehors de leur individualité.

Leurs plaisirs sont les mêmes ; et vous les rencontrez l'un et l'autre au cercle, au bois, au bal, au spectacle, dans tous les mondes enfin.

Sous le rapport de l'intelligence et de la force, ils sont sur le même plan. Les grandes conceptions littéraires, l'entente des entreprises commerciales et industrielles appartiennent indistinctement à cette période de la vie qui commence à trente ans et se continue au delà de cinquante.

Devant les probabilités de la mort, ils sont parfaitement égaux, — bien peu de gens mourant de vieillesse.

L'homme de cinquante ans qui a dix ans de vie à espérer, n'est-il pas plus jeune que le phthisique de vingt ans qui n'a plus que six mois à végéter ?

Contrairement aux hommes, c'est de vingt à trente

ans que les femmes ont le même âge. Quand je dis
trente, il est bien convenu que les femmes s'arrêtent à
cet âge jusqu'à l'heure où elles sont forcées d'en avouer
quarante. Il existe entre elles une espèce de condescen-
dance qui fait que les plus jeunes tendent à se vieillir en
s'affublant de velours, de cachemires, de dentelles,
tandis que leurs aînées allégent leur toilette et se dé-
guiseraient volontiers en jeunes pensionnaires, adop-
tant le corsage à la vierge, la robe à bretelles et le
tablier à dents de loup des ingénues du Gymnase.

Dans le monde, au théâtre, quelle est la femme la
plus fêtée, la plus courtisée ? Aux eaux, quelle est la
lionne de saison ? N'est-ce pas tour à tour la jeune fille
ou la femme ? Au besoin, je gagerais même pour la
seconde.

Après trente ans *avoués,* les femmes prennent indi-
viduellement un âge particulier et se divisent en bien
ou mal conservées.

Celles qui ont été jolies gardent toujours les traces de
leurs charmes et la régularité de leurs traits.

Heureuses celles à qui un léger embonpoint vient donner une carnation inespérée et une fraîcheur nouvelle.

Malheur à celles qui, suivant une marche opposée, tendent à la maigreur. Ce qui vieillit à vingt ans rajeunit à trente.

Une preuve de vieillesse, c'est la manie qu'ont certaines femmes de dire à chaque instant l'âge qu'elles ont ou plutôt qu'elles n'ont plus. Soyez certains que telle qui, sans aucune espèce de raison, se croit obligée d'avouer vingt-huit ou vingt-neuf ans, est bien près de la quarantaine, si elle ne l'a dépassée.

En 1830, lorsqu'on reconstitua la garde nationale, tout le monde se fit inscrire avec enthousiasme sur les registres de l'armée citoyenne.

Toutefois les tambours, les officiers et les hommes mariés furent les vrais entrepreneurs du succès de l'institution.

Les tambours trouvèrent une industrie ;

Les officiers une occasion de parade, un prétexte à décoration ;

Les hommes mariés un motif d'absence, une raison pour ne pas rentrer le soir.

Mais aujourd'hui que le service ne se fait plus la nuit, le prestige de l'institution a beaucoup diminué ; aussi voyez avec quel empressement tous les hommes qui ont atteint cinquante ans, dernière limite donnée à la bravoure bourgeoise, vont se faire rayer des cadres.

C'est par ce fait seulement qu'un homme avoue la cinquantaine. Sans ce besoin d'émancipation, le sexe fort n'aurait jamais plus de quarante-neuf ans.

On ne dit pas en parlant d'un homme, il est sexagénaire, mais bien, depuis dix ans il ne fait plus partie de la garde nationale.

Sans cette institution patriotique, comme dirait M. Prudhomme, on ignorerait l'âge de la plupart de nos jeunes premiers du monde et du théâtre.

BOULE DE NEIGE

Un homme marié de ma connaissance, C..., a une maîtresse ; c'est bien invraisemblable, bien immoral, n'est-ce pas ? Je le sais ; cependant cela est.

C... est d'autant plus inexcusable, que sa femme est jeune, jolie et blonde, et qu'il n'est marié que depuis deux ans.

A cela, C... répond que sa maîtresse est également jeune et jolie, mais qu'elle est brune, et qu'il la connaît depuis cinq ans.

Je ne défends pas C..., je raconte.

La maîtresse de C..., casanière par goût, recevant peu

13

de monde, avait dans son salon, pour lui tenir compagnie, ûn énorme angora, dont les poils longs, blancs et soyeux, lui avaient valu le nom de *Boule de neige*. Ce chat, qui semblait avoir peur de ternir son hermine, n'avait jamais touché au parquet, et passait sa vie à se promener de meubles en meubles.

Depuis quelque temps, C.. ne pouvait faire une visite à sa maîtresse, sans qu'à son retour sa femme légitime lui fît une scène de jalousie, bien naturelle du reste.

Il avait beau s'entourer des plus grandes précautions pour n'être vu de personne dans ses excursions extra-matrimoniales, changer, à moitié chemin de voiture pour en prendre, quelques pas plus loin, une troisième qui le menait à destination, chaque infidélité était immanquablement suivie de reproches, qui n'admettaient pas de négations.

Plusieurs fois, il avait fait changer d'appartement à sa maîtresse ; il avait renvoyé tour à tour les domestiques de celle-ci et les siens propres, qu'il suppposait vendus à sa femme, tout avait été inutile, et toujours, comme le cri de sa conscience, les pleurs de sa moitié, réduite au tiers, lui avaient fait expier chacune de ses trahisons.

Enfin ! pour arriver à avoir la paix dans son ménage, il venait de rompre avec l'étrangère, lorsque rentré chez lui avec la satisfaction d'un homme, qui, pour remplir un devoir, vient de s'immoler, il aperçut sa jeune femme, dans le vestibule, passant l'inspection du paletot qu'il venait de quitter, et recueillant avec soin, sur le drap, quelques poils blancs qu'elle serrait précieusement dans une boîte d'écaille, comme autant de preuves de conviction.

G... comprit tout ; il poussa un *ah !* de surprise, accompagné d'un geste qui rappelait de loin Frédérick-Le-maître, dans la *Dame de Saint-Tropez,* lorsqu'il voit, dans une glace, le traître versant le poison dans son breuvage ; il écrivit, séance tenante, à sa maîtresse, une lettre par laquelle il implorait son pardon ; la suppliant de considérer comme non avenu le congé qu'il venait de lui signifier. Ensuite, sans même essayer de se défendre, il écouta patiemment les récriminations de sa femme, à qui il jura, sur la tête de leur propriétaire, que, à l'avenir, il ne s'exposerait plus à sa juste colère.

En effet, depuis ce jour, le ménage C .. vit dans le calme le plus parfait ; plus de querelles ! plus de reproches ! c'est le paradis sur terre.

Qui a payé ce bonheur ! personne, non.. c'est le chat.

Car *Boule de neige* a disparu, et les meubles soigneusement époussetés n'en ont gardé aucun souvenir.

III

LES RATS D'UNE SERRURE

Contrairement aux pharmaciens et aux sages-femmes, qui ont des sonnettes destinées à les déranger la nuit, mademoiselle M..., de triste et gracieuse mémoire, avait inventé une serrure qui lui assurait la tranquillité de son sommeil.

Cette serrure, parfaitement semblable à celle du jour, s'adaptant aux même vis (qu'on ne me fasse pas écrire *vices*), recevait la clef introduite de l'extérieur, mais cette clef, une fois entrée, ne pouvait tourner ni à gauche, ni à droite car on ne pouvait ouvrir que de l'intérieur.

Que d'heures nocturnes a passées à la porte de mademoiselle M..., M. D..., soufflant dans sa clef comme pour en chasser quelques grains de poussière, qui, pensait-

13.

il, s'y étaient glissés et en contrariaient le fonctionne-
ment.

Aussi quelle n'était pas sa surprise lorsque, le jour
venu, il voyait cette même clef jouer parfaitement et ouvrir la porte.

Alors il racontait *le rat* qu'avait eu la serrure pendant
la nuit, et comme on lui reprochait sa myopie, qui le
faisait se tromper d'étage ou confondre les clefs, il
répondait invariablement : « Je le veux bien, je suis
myope, c'est convenu ; mais guérirais-je de cette infir-
mité, que je n'y verrais pas plus clair la nuit ; je suis
donc destiné à coucher éternellement dans la rue.

Pour être agréable à M. D…, mademoiselle M… poussa
la complaisance jusqu'à faire changer plusieurs fois la
serrure ; mais celle qu'on posait aujourd'hui avait *ses
rats* avec la même régularité que sa devancière, de
sorte que M. D…, en homme d'esprit qu'il était, finit
par prendre note des nuits de la semaine qui amenaient
régulièrement les caprices de l'œuvre de Fichet, et, ces
nuits-là, il s'abstenait de venir ferrailler à la porte de
mademoiselle M…

IV

LE DINER DES... MARIS

Parmi les Sganarelles en réputation, il en existe de purement honoraires, qui, ne l'étant pas, ont toutefois la prétention de l'être.

Pourquoi? me demandera-t-on.

Ma foi ! ils ne me l'ont pas dit ; seulement, en y réfléchissant, on suppose que certains ont l'intention de faire savoir que leur femme est jolie et qu'ils comptent des amis.

— Je choisis mes... maris, répondait fièrement un très-joli garçon à un mari fort laid, qui lui reprochait de *courtiser* sa moitié.

On pense que d'autres, — voyant combien sont ridi-

cules les nombreux maris trompés, qui parlent continuellement de la vertu de leurs femmes, — dans leur
doute méthodique au sujet de leur position personnelle, —
s'avouent trompés eux-mêmes, parce qu'ils savent très-
bien qu'on ne se moque jamais d'un homme qui est le
premier à rire de son malheur.

C'est dans cette seconde catégorie qu'il faut ranger
un charmant garçon, portant un des noms les plus illus-
tres de l'industrie parisienne, grand seigneur dans toutes
ses actions, jetant l'or à pleines mains, ayant consacré
cent mille francs à la culture d'une fleur qu'il aimait,
le camélia, mais malheureusement mort aujourd'hui.

Ayant épousé une femme appartenant à la haute aristocratie, et d'une vertu incontestable, il n'avait qu'à
être heureux, lorsqu'il imagina d'aller crier partout qu'il
était le plus *trompé* des maris.

Comme tout le monde recevait la confidence avec un
air d'incrédulité, il entrait dans des colères noires, demandant si c'était avec intention qu'on semblait douter de son assertion.

Un jour, se trouvant dans un dîner, au milieu de gens
vivant plus ou moins régulièrement en ménage, il pro-

posa, au dessert, au banquet composé seulement de
maris... trompés. Plusieurs convives se récusèrent.
C'étaient peut-être ceux dont les titres étaient le mieux
en règle ; d'autres acceptèrent.

Le jour fut fixé.

Tout allait bien, lorsqu'on vint à parler de la prési-
dence. Le promoteur de la petite fête prétendit que
l'honneur lui en revenait doublement, d'abord à cause
de l'idée qu'il avait émise, ensuite parce que, selon lui,
personne n'avait des droits plus évidents que les siens.

Là-dessus, discussion.

La majorité demande le scrutin et nomme un homme
que tout Paris connaît sous la désignation de *syndic des
maris*. En voyant le résultat du vote, le *trompé* imagi-
naire, offensé, déclara qu'il n'assisterait pas au repas,
qui, par le fait de la retraite de celui qui en était l'âme,
tomba dans l'eau.

———

C'est ce même personnage qui, dans le procès en séparation, auquel il finit par arriver, entendant son dé-
fenseur dire que, pendant deux années de mariage, sa

femme ne lui avait pas donné un seul moment de satisfaction, demanda la parole, et lorsqu'elle lui fut accor-
dée, il s'exprima ainsi :

« Mon avocat, dans un bon sentiment, dont je le re-
mercie, exagère ; madame m'a rendu bien heureux une
fois ; c'est le jour où elle s'est fait poser cinquante sangsues. » Ceci dit et sans attendre le prononcé du jugement, il se retira.

Comme Titus, il n'avait pas perdu sa journée.

V

LES GRANDS VAINQUEURS

A la honte du sexe dont je fais partie, dans le milieu bourgeois et boutiquier de la société, la rivale la plus dangereuse de la *femme* légitime est la *femme* de chambre.

En avons-nous connu de ces maris idiots qui mettaient leur vanité à inscrire sur la liste de leurs maîtresses toutes les soubrettes, maritornes et autres laveuses de vaisselle de leur maison.

Une grande rouerie de ces séducteurs de gros appétit, qui préfèrent l'odeur de la cuisine aux parfums de la chambre de leur femme, consiste, pendant l'été, lorsque, pour leurs affaires, ils restent seuls en garçons à Paris, à s'adresser à tous les bureaux de placement de domestiques où ils demandent une *bonne pour tout faire*, et à faire inscrire dans les *Petites Affiches*, sous une initiale quelconque, convenue avec leur portier, une mention dans le genre de celle-ci :

« M..., X..., rue..., nº..., demande une bonne jeune et intelligente pour faire son ménage. »

Alors, de huit heures du matin à midi, c'est une procession de Picardes, de Normandes, de Nantaises, jusqu'au jour où de bureaux en bureaux, de bonnes à bonnes, le truc a été dévoilé.

Madame G... a eu successivement pour domestiques toutes les filles les plus rougeaudes, les plus grêlées, les plus épaisses, les plus grotesques qu'elle a pu trouver; son mari, par principe, n'a rien respecté; elle en a été réduite à prendre un invalide pour femme de chambre.

Madame G... sait à qui elle a à faire, elle agit en conséquence.

« Elle est bien heureuse. »

C'était ce que disait, il y a quelque temps, une femme bien connue du monde élégant, madame B..., qui ayant marié sa camériste, n'avait pu la remplacer convenablement. Après une soubrette, dont le cœur avait une grande ressemblance avec une caserne, elle était tombée sur une jeune fille atteinte d'une maladie d'un cours régulier de neuf mois.

Plus tard, elle avait essayé, sur recommandation, d'une Auvergnate, qu'un procès dévoila complice d'une bande de voleurs et recéleurs.

Enfin elle avait mis la main sur une perle, un trésor, et croyait n'avoir plus à se plaindre de la rareté des domestiques.

En effet, jamais femme de chambre n'avait été plus douce, plus prévenante; jamais madame B... n'avait été l'objet de tant de soins.

Augustine (c'était le nom de la bonne) ne quittait pas sa maîtresse, le soir, sans l'avoir couchée, bordée dans son lit; le matin, avant qu'on ne l'appelât, elle était dans la chambre de celle-ci, présidait à son lever, assistait aux soins les plus intimes de sa toilette, la laçait longuement, faisait à chaque instant l'éloge des épaules rondes qu'elle effleurait de son souffle, de la taille fine qu'elle enserrait de ses dix doigts.

Un matin, un violent coup de sonnette se fait en-

14

tendre : Augustine, toute pâle, vient prévenir madame
B... que deux hommes et un caporal désirent lui parler.

Le caporal est introduit :

— Excusez, madame, dit ce militaire, mais je suis
chargé d'arrêter un conscrit, réfractaire de la classe
1862, employé chez vous comme domestique.

— Vous vous trompez : en fait de domestique, je
n'ai que deux femmes : ma cuisinière, âgé de 50 ans,
et cette jeune femme que voici, répond madame B...,
désignant Augustine.

— Eh bien ! ça me suffit, reprend le caporal, qui
regardait tour à tour un signalement dont il était
porteur et la femme de chambre; allons, jeune homme,
suivez-moi.

Ce n'est plus qu'en rêve que la pauvre Augustine, ou
plutôt le pauvre Auguste, revoit aujourd'hui la taille et
les épaules de sa jolie bourgeoise. Que le conseil de
guerre lui soit léger !

Quant à madame B..., elle a renoncé complétement
aux femmes de chambre ; à l'avenir, elle s'habillera et
se déshabillera seule.

VI

Gaston de C... est bien le plus grand coureur d'aventures galantes qui existe sur le boulevard des Italiens ; sa femme, par contre, la belle Marie, comme on l'appelle dans le monde, est bien la plus ravissante créature qu'on puisse rêver.

Par ce qu'on voit de son adorable personne, elle doit posséder, les trente qualités qu'exige la perfection.

Car, d'après un vieux livre français que cite Brantôme, pour être exquise en beauté, il faut à une femme :

« Trois choses blanches : la peau, les dents et les mains.

Trois noires : les yeux, les sourcils et les paupières.

Trois roses : les lèvres, les joues et les ongles.

Trois longues : le corps, les cheveux et les mains.

Trois courtes : les dents, les oreilles et les pieds.

Trois larges : la poitrine, le front et l'entre-sourcil.

Trois étroites : la bouche, la ceinture et l'entrée du pied.

Trois grosses : le bras, la cuisse et le mollet.

Trois déliées : les doigts, les cheveux et les lèvres.

Trois petites : les chevilles, le nez et la tête. »

Revenons à nos époux.

A peine étaient-ils unis, que Marie tint froidement ce langage à Gaston :

« Mon cher ami, on m'a dit de vous le plus grand mal ; je n'ai voulu écouter ni les prophéties de ceux qui me prédisaient que, bientôt négligée, peut-être délaissée, je serais malheureuse avec vous, ni les conseils des autres, qui m'assuraient, à la veille de notre mariage, qu'il était encore temps de rompre, et que souvent pareille chose s'était vue, Je vous aimais, je vous ai épousé.

» Vous dire maintenant que par un amour-propre, exagéré sans doute, je n'ai pas espéré vous convertir au culte de la fidélité, ce serait mentir.

» Ai-je été assez heureuse paur réussir ? Je l'ignore ;
je ne vous interroge pas ; tout ce que je vous demande
aujourd'hui, c'est de faire que si c'était non, je n'en
acquière jamais la preuve ; de mon côté, je ne ferai
rien pour le savoir : pas d'espions jetés sur votre passage, pas de délateurs payés. Je ne croirai même pas
aux lettres anonymes; je vous jure, en un mot, que je
ne saurai que ce que je verrai involontairement. »

Gaston de C... était donc le plus heureux des maris
infidèles, si toutefois le bonheur est pour eux, et chaque
jour il bénissait le ciel de lui avoir donné une femme
d'une humeur aussi peu exigeante, lorsqu'un soir, rentrant chez lui, après avoir eu une discussion avec la
maîtresse qui se trouvait dans l'emploi de sa journée,
à propos d'un bracelet que celle-ci avait aperçu à la
montre d'un bijoutier, il eut un moment d'absence, et
oubliant que le lieu de la scène et du personnage
étaient changés, il appela sa femme *Aglaé*.

A ce nom, madame de C.... fit un soubresaut, mais ne
se permit aucune observation ; à son mari, qui essayait
de se rattraper, elle répondit même que c'était bien
inutile.

14.

A la suite de ce *lapsus linguæ*, rien ne parut changé dans les allures générales du ménage. Gaston qui en raison du souvenir gardé du programme conjugal que lui avait signifié sa femme, avait tremblé d'abord, s'était peu à peu rassuré, quand, un jour, au milieu d'une causerie intime, il s'entendit nommer *Adolphe*.

Il tressaillit à son tour.

Était-ce une leçon que voulait lui donner Marie ? Était-ce, comme ça lui était arrivé à lui, le fait d'une confusion de personnages ? Il n'en sut jamais rien ; mais depuis ce moment, dans tous ses mariages à la détrempe, il met pour condition expresse que sa nouvelle maîtresse s'appellera invariablement Marie.

On fait d'abord des objections, on veut garder le nom sous lequel on est connue, le nom que l'on doit à sa marraine ; il tient bon et ne veut donner aucune explication de sa fantaisie.

La concession lui est toujours faite.

Bientôt l'homme disparaît, mais le nom reste.

Et voilà pourquoi il y a tant de Marie *sur le turf*.

Je me suis trouvé en chemin de fer avec un ancien militaire.

Il fuyait une maison d'éducation des environs de Paris, dans laquelle il s'était fourvoyé.

Voici comment.

Sur une indication des *Petites-Affiches*, il s'était présenté à un pensionnat qui réclamait un jardinier. Fils d'agriculteur, il n'était pas complètement étranger à l'horticulture.

Lorsqu'il arriva à l'établissement désigné, la place était prise, mais on manquait de maître d'études. Cette dernière position lui fut offerte.

— Qu'aurai-je à faire ? demanda-t-il.

— Vous aurez à surveiller les élèves pendant qu'ils font leurs devoirs, vous les empêcherez de s'amuser et de causer et, de temps en temps vous administrerez quelques taloches aux plus tapageurs.

— Ça me va.

Depuis huit jours, notre homme était donc installé dans sa chaire de surveillance, et ne s'acquittait ma foi, pas trop mal de sa tâche, lorsqu'il lui fut proposé de faire une classe de français élémentaire.

Dame ! ça lui paraissait difficile ; mais il s'agissait de vivre. Il se chargea de la besogne, et, la grammaire à la main, il se tirait encore d'affaire.

Un soir que le surveillant, devenu professeur de français, avait fait sonner le coucher plus tôt que d'habitude, pour gagner quelques minutes de tranquillité de plus, le directeur de l'établissement le fit appeler.

Le pauvre pion se présenta tout tremblant devant son supérieur, ne doutant pas que le coup de pouce qu'il avait donné à l'horloge de la pension pour avancer l'heure du dortoir, ne lui valût une rude remontrance.

Il se trompait ; après quelques préambules, le directeur dit carrément à son subordonné que, s'il tenait à rester chez lui, il était de toute nécessité que, en dehors de sa surveillance et de sa classe de français, il fit encore des répétitions de latin.

— Je n'en sais pas le premier mot. répondit ce dernier.

— Qu'importe ! en même temps que vous l'apprendrez aux autres, vous vous l'apprendrez à vous même. Au reste, c'est une condition *sine qua non* de votre séjour ici.

Le directeur, dès qu'il s'agissait d'une classe latine, se croyait obligé de parler *la langue de Cicéron.*

Le jardinier par vocation s'attela au rudiment, et pendant deux mois il cumula les trois places de maître d'études, de professeur de français et de répétiteur de latin. Il ne se plaignait même pas trop de sa destinée, mais le matin du jour où je le rencontrai on avait voulu qu'il donnât à un nouvel élève des leçons de trombonne

Devant cette exigence, toute l'énergie de l'ex-militaire s'était paralysée d'une part, tandis que, d'une autre, son orgueil s'était révolté.

Mettant alors sa malle dans un mouchoir de poche qu'il portait à son bras, il était monté dans le premier convoi qu'il avait trouvé en partance, et, dans sa précipitation, il avait pris place dans un compartiment de première classe, ce qui paraissait lui causer quelque inquiétude, son billet payé ne désignant que la troisième.

—

N..., auteur dramatique marié et père d'un charmant
enfant, m'a montré un sac de bonbons en moire bleue,
avec cordelières d'or, lequel, s'il savait se servir de la
plume, pourrait écrire ses voyages.

Il serait allé loin et courrait probablement encore, si
l'enfant de M. N... n'eût fait l'office de gendarme et ne
l'eût arrêté au passage.

N..., sa femme et le baby étaient réunis, lorsque le
concierge monta, renfermé dans son cartonnage, ledit
sac, signé Siraudin. L'adresse n'offrait aucune équi-
voque; le nom, la rue, le numéro, tout était parfaitement exact.

Sans être soupçonneux comme ce pauvre A..., qui,
quand il rencontre un fiacre à stores baissés, prend
un tremblement nerveux et court immédiatement
chez lui pour savoir si sa femme y est, N... est un peu
jaloux. — Dame! il aime tant sa femme!

Il ouvrit donc naturellement le sac et trouva à la
surface la carte d'un jeune premier dont le pantalon
gris-perle a bouleversé bien des cœurs.

N... en lisant le nom, fit la grimace et dit à sa femme
qu'il ne croyait pas que ses relations avec le jeune

premier autorisassent celui-ci à lui envoyer des bonbons.

Madame N... répondit qu'elle ne comprenait rien à
cette galanterie ; que l'acteur, probablement, avait
voulu se faire bien venir de l'auteur en étant poli avec
sa femme.

La conversation en resta là.

Mais l'enfant, qui avait vu le sac, voulut en faire l'au-
topsie.

Quelle fut donc la surprise du couple N... lorsque,
successivement apparut une deuxième carte, portant le
nom d'une danseuse, puis celle d'un directeur de
théâtre, celle encore d'une comédienne en renom, enfin
tout à fait au fond celle de N... lui-même.

Toutes ces cartes étaient sorties en sens inverse de
l'ordre dans lequel elles avaient été introduites.

Ce fut alors au tour de madame N... de faire la grimace, car elle avait compris facilement que c'était son
mari qui avait envoyé le sac à la comédienne, la comédienne qui l'avait adressé à son directeur, qui, à une
danseuse, qui à un jeune premier, qui à elle.

Chaque personnage entre les mains de qui était passé

le sac voyageur avait glissé sa carte, sans penser que l'expéditeur avait bien pu en faire autant.

N... expliqua à sa femme que, pour remercier la comédienne du succès qu'elle lui avait procuré en jouant admirablement un rôle dans sa dernière pièce, il avait cru devoir envoyer un sac de bonbons et la carte que le hasard ou plutôt l'avarice de plusieurs personnes avait fait remonter jusqu'à son point de départ.

Madame N... crut son mari comme N... avait cru sa femme, l'enfant a mangé les sucreries et tout est pour le mieux dans le meilleur des ménages.

—

Madame B... a tenu longtemps le ménage de sa fille madame T... Des circonstances particulières ont fait que celle-ci a dû se priver des services de sa mère, à qui elle a donné un appartement suffisamment éloigné de la maison qu'elle habite elle-même dans les environs de Paris.

Depuis la séparation, madame B... vient de temps en temps dîner avec sa fille, mais elle ne peut oublier qu'elle n'est qu'une simple invitée aujourd'hui, là où elle était maîtresse autrefois.

C'est donc, à toutes ses visites, des plaintes et des récriminations qui ne finissent pas. Elle veut persuader à madame T... que la cuisinière ne fait rien de bon ; le bouillon est trop gras, le bœuf trop maigre, le poulet trop cuit, la salade trop vinaigrée.

Un jour qu'elle n'avait voulu toucher à aucun plat, « si au moins j'avais un œuf à manger ! » s'écria-t-elle.

Prenant au pied de la lettre le vœu de sa mère, madame T... la pria de passer au poulailler, peut-être trouvera-t-elle là ce qu'elle désire.

Madame B... se rend à cette idée, se dirige vers le local indiqué, attend un instant qu'une poule ait pondu, s'empare du produit, qu'elle apporte à la cuisinière.

Comme celui-ci, un moment après, était servi, cuit d'une manière irréprochable, madame B... y goûta ;

15

mais bientôt, repoussant son assiette, elle dit à sa fille :
« Tu me répondras ce que tu voudras, mais tes poules
font des vieux œufs. »

—

Une artiste de l'Opéra, mademoiselle W..., femme de
talent, de cœur et d'esprit, donnait des représentations
à Lyon.

Un jour, passant par la rue Impériale, dont la seconde
ville de France (ça se dit) est légitimement orgueilleuse,
et songeant à Paris, mademoiselle W... crut reconnaître
dans une personne qui marchait devant elle, et dans le
même sens qu'elle, un de ses bons amis de l'administration de l'Académie de musique et de danse.

Heureuse de trouver en province une tête parisienne,
elle hâte le pas, atteint celui qu'elle pense être son ca-
marade, fait de ses mains un bandeau dont elle lui

couvre prestement les yeux par derrière, et l'embrasse chaleureusement sur les deux oreilles.

Rien ne lui paraissait plus simple et plus permis.

Mais quels ne sont pas son trouble et sa rougeur lorsque, par une évolution toute naturelle de l'homme ainsi attaqué, elle se trouve face à face avec un visage qu'elle n'avait jamais vu.

La chanteuse se confond en excuses, explique sa méprise, prie de regarder comme non avenue l'innocente embrassade qu'elle a donnée. Tout est inutile ; on désire une réparation, et plus son attitude devient suppliante, plus l'exigence de l'embrassé augmente.

Il veut avant tout appliquer la loi du talion: rendre publiquement ce qu'il avait reçu publiquement; baisers pour baisers.

Refus de mademoiselle W...

Il propose ensuite d'aller recevoir les excuses à domicile.

Nouveau refus, plus accentué encore.

Enfin, il demande, comme dernière condition d'un arrangement amiable, la permission de déposer sa carte à l'hôtel de l'artiste.

Accepté.

Mademoiselle W... et l'inconnu se séparèrent parfaitement réconciliés.

Deux jours après, mademoiselle W... recevait la carte
d'un des principaux fabricants de rubans de Saint-
Étienne ; cette carte acccompagnait un grand carton, et
ce carton contenait une collection des plus beaux pro-
duits de l'industrie stéphanoise : des rubans de toutes
les couleurs, de tous les dessins, de toute largeur.

Les Parisiens sont bien venus à dire, après cela, qu'il
n'y a en province ni esprit ni galanterie.

—

C'était au moment de la grande vogue de Darcier;
tout Paris allait l'entendre chanter dans un estaminet
du passage Jouffroy.

L'artiste, à cette époque de sa jeunesse, s'inquiétait

peut-être plus du développement de ses forces physiques que de la limpidité du timbre de sa voix.

Tous les jours, pendant une heure ou deux, il s'exerçait à monter à des cordages suspendus au plafond, et à porter les kilos de la plus grosse espèce, comme dirait Bilboquet.

Dans ce but, son appartement, transformé en gymnase, était jonché de poids, de barres de fer, — de tout l'attirail voulu.

Un matin, le comte de... frappa chez l'artiste occupé à ses exercices.

— Entrez, cria une voix.

Le comte entra.

— Que désire monsieur ? demanda Darcier, ne discontinuant pas la manœuvre de ses muscles.

— Votre réputation, monsieur, dit le comte, est venue jusque dans les salons du faubourg Saint-Germain, qui désire vous entendre. Voulez-vous venir chanter chez moi ?

— Vous êtes donc bien riche? répliqua l'artiste, en éloignant et rapprochant alternativement de son corps ses deux bras, dont chaque main tenait deux énormes

15.

globes de fonte réunis entre eux par un lien central de même nature.

— Assez, monsieur, je l'espère, pour vous rémunérer convenablement.

— C'est que, voyez-vous, j'ai mes habitudes, mon public... et je n'aime pas me déranger.

Pendant cette conversation, le comte avait ramassé un poids, puis l'avait rejeté avec mépris pour en prendre un plus lourd, qu'il avait bientôt lâché pour en saisir un énorme qu'il enleva à bras tendu.

Darcier ouvrait de grands yeux, lorsque le visiteur, avisant dans un coin deux boules, chacune de la grosseur d'une tête, se dirigea vers elles.

— Oh! pour celles-là, défense d'y toucher ; Nini seul les connaît, dit Darcier en se désignant de son index.

— Vous croyez? Et, se baissant, le comte, sans effort, souleva le colossal engin.

— Où demeurez-vous, monsieur? demanda immédiatement le chanteur enthousiasmé.

— Rue de l'Université, n°... Mais, monsieur, dites-moi vous-même vos conditions, je les accepte d'avance.

— Chez les gens de votre force, monsieur, je chante pour rien.

—

Il y a quelques années, mademoiselle B... était engagée au Vaudeville pour y tenir l'emploi de soubrette. Elle ne venait jamais au théâtre sans être accompagnée de sa plus jeune sœur, qui aujourd'hui joue, elle aussi, la comédie.

Un jour, à l'avant veille d'une première représentation, un auteur, s'aperçut que mademoiselle B... n'était nullement dans l'esprit de son rôle, qu'elle semblait ne pas comprendre ; il en fit l'observation à l'actrice, qui répondit qu'elle ne pouvait pas l'interpréter autrement.

L'auteur alla trouver le directeur et lui demanda une autre soubrette. Le directeur en promit une, mais préalablement voulut avoir l'explication de la mauvaise volonté que paraissait avoir sa pensionnaire.

Il la fit donc appeler. Celle-ci arriva au cabinet directorial toujours suivie de sa sœur.

— Comment, lui dit l'autocrate d'un ton paternel, vous m'avez tourmenté pour avoir un rôle, je vous en trouve un, et vous refusez pour ainsi dire de le jouer ?

— Oh! je ne refuse pas... Mais, si vous saviez, monsieur... dit mademoiselle B... en pleurant.

— Quoi donc? demanda le directeur intrigué.

— Je ne puis vous dire, parce que si je vous disais, vous parleriez à votre tour, et mon père saurait bientôt tout.

— Diable ! diable ! fit le maître en bourrant son nez de tabac, c'est donc bien grave ?

— C'est si grave que mon père me tuerait.

De plus en plus excité dans sa curiosité, le directeur proposa son intermédiaire ; connaissant la famille de de la comédienne, il promit d'obtenir son pardon, quelque fût la faute commise.

Encouragée, mademoiselle B..., ouvrant les bras et son manteau, s'écria :

— Monsieur, je suis enceinte.

— Ce n'est que cela ! dit le directeur ; aujourd'hui, je verrai votre père, et demain il n'y pensera plus.

— Oh ! monsieur, exclama à son tour la petite sœur, fondant également en larmes, et ouvrant de même les bras et son manteau, pendant que vous y serez, parlez donc aussi pour moi !

—

— Puisque mes dents vont tomber, dis, maman, qui donc m'en mettra d'autres... Est-ce un dentiste ?

— Le bon Dieu, mon enfant.

— Mais puisqu'on ne le voit pas.

— Il enverra son petit Noël.

— Oh, merci! je ne veux pas mettre toute une nuit ma bouche dans la cheminée.

—

Un premier de l'an, L..., qui ne vit pas précisément dans l'intimité des billets de banque, mais qui n'est pas cependant absolument brouillé avec eux, se trouvait possesseur de plusieurs chiffons de papier plus ou moins propres, valant cent francs payables au porteur.

Comme il habite, aux environs de Paris, une localité où la Banque n'a pas de succursale et qui manque de changeur, L..., pour avoir de la monnaie, remit un billet à son domestique en lui disant : « Gardez un louis pour vos étrennes, et rendez-moi le reste »

Alléché par la prime, le domestique courut chez tous les fournisseurs, prit sans nécessité un pain chez le boulanger, des côtelettes chez le boucher, du sucre chez l'épicier, mais partout quand il voulait payer on lui répondait invariablement : « Pas de monnaie, ça se trouvera une autre fois.

Le domestique découragé revint à son maître, lui rendit le billet en lui disant : « Avec ce que je viens d'acheter, c'est 30 francs que monsieur me doit. »

L..., qui avait absolument besoin d'argent pour le facteur, le concierge, le balayeur, le porteur du journal, qui arrivaient successivement lui souhaiter une bonne année, eut une idée: « Je ne déjeunerai pas chez moi, » dit-il à son domestique, et prenant son mac-farlan et son chapeau, il sortit.

Il alla droit chez le plus gros marchand de vins de l'endroit, demanda les consommations les plus chères pour augmenter l'addition et faire que le gargotier tînt à être payé.

A force de faire ouvrir des huîtres et déboucher du vin à 2 et 3 francs, la carte était montée à 20 francs, lorsqu'il présenta son billet.

« Pas de monnaie, lui fût-il répondu; mais monsieur est voisin, il me payera en passant. » Et de 50 francs dépensés sans résultat.

L... pouvait aller à Paris, me direz-vous, là il aurait trouvé à changer tous les billets du monde. Il le savait bien, mais pas l'ombre d'un fiacre n'avait paru depuis le matin. Il se décida enfin à envoyer une dépêche à la compagnie générale des petites voitures, et deux heures après il avait un coupé à sa porte. Dépêche et voiture 18 francs, total 68 francs.

Lorsque L... arriva à Paris, toutes les boutiques étaient ouvertes, toutes... celle des changeurs exceptées —

Alors, comme il était suivi de son cocher, il entra chez un confiseur, prit, au hasard, une boîte de bonbons et tendit son billet.

Quel fut son bonheur de voir enfin une main lui rendre la monnaie, moins toutefois le prix de la boîte, 24 francs, qui, avec les 68 francs déjà comptés, forment le chiffre de 92 francs.

Il avait dépensé 92 francs pour en avoir 8 d'argent blanc.

Quant aux bonbons, ne sachant qu'en faire, il les a donnés pour boire à son cocher.

—

A... a la prétention de *lincer* les femmes, comme prononce Hyacinthe, au théâtre du Palais-Royal.

Un de ses moyens de séduction est de dire à la première biche qu'il rencontre : : « Voyez une telle... une telle... une telle. .. leurai-je assez porté bonheur ! »

Dimanche dernier, sur le boulevard, il faisait son boniment habituel à une casinette lorsque passa le cortége du bœuf gras.

— Tiens ! fit la Rigolboche en herbe, en montrant à A..., au sommet du char triomphateur, une femme dont les épaules nues charriaient des glaçons (on a froid rien qu'en y pensant) ; mais c'est Valérie !

A... lève les yeux, regarde, prend la fuite et court encore.

Valérie est la seule maîtresse qu'il ait jamais compromise.

Un jeune couple, semblant fort amoureux, se promenait bras dessus, bras dessous, les yeux rougis par les larmes, dans la salle des voyageurs de première classe, à l'embarcadère du Nord; il attendait, ou plutôt il redoutait l'heure du départ qui allait bientôt sonner. Car ce couple si uni allait être séparé, le mari restait à Paris, tandis que la femme allait forcément habiter, pendant deux ans, une ville d'Allemagne.

On prétend que, dans les séparations, celui qui part est le moins malheureux ; en entendant les sanglots de a jeune femme, on se demandait donc naturellement quelle devait être la douleur intérieure du mari.

Mais les portes s'ouvrent à deux battants, une dernière étreinte enlace les deux amoureux, puis on entend le mari dire bien bas

— Sois sage, ma bonne amie, et souviens-toi toujours que tu es la femme de Barnabé Devaux.

— Oh ! oui ! répondit d'une voix étouffée l'épouse voyageuse, et tirant son mouchoir de poche, elle y fit un nœud !

———

Ceci se passe à l'embarcadère de la rue Saint-Lazare.

Un jeune couple arrive au moment où les portes des salles d'attente s'ouvrent pour les voyageurs.

Il court droit au convoi en partance ; le mari (était-ce un mari ? supposons-le), cherche un compartiment inoccupé, dans lequel il place sa femme ; il va lui-même y monter, lorsque tâtant ses poches, il s'aperçoit que quelque chose lui manque, ses cigares, son journal peut-être, je ne sais ; — un pied déjà sur le marchepied du wagon, il hésite ; — laissera-t-il sa femme seule un instant, ou se passera-t-il de ce qu'il n'a pas ?

Il promène les yeux de tous côtés, comme un homme qui cherche une inspiration ; il ne voit rien ; — si, sus pendus à un poteau, il voit des écriteaux sur lesquels il lit : « *dames seules* » il en détache un, l'accroche à la caisse où est sa femme, et s'éloigne à toutes jambes. Bientôt il revient, pousse un *Ah !* de satisfaction, reporte la plaque au poteau et, triomphalement, s'assied à côté de sa femme.

La ruse avait réussi, et, pendant l'absence du jaloux aucun homme n'avait osé monter dans le compartiment *des dames seules.*

M. et madame P..., appartenant à la religion protestante avaient depuis deux semaines à leur service une cuisinière qui, pendant le temps écoulé, n'avait jamais réclamé la permission donnée d'avance, d'aller à la messe le dimanche, et de se faire un dîner maigre le vendredi, lorsque, le seizième jour, elle prévint ses maîtres, qui déjeunaient tranquillement, qu'elle s'en allait de chez eux.

— Dans huit jours, dit M. P...

— Aujourd'hui... aujourd'hui même, répartit le cordon bleu avec solennité.

— Mais quelle idée vous prend ? dit madame P..., je n'y comprends rien.

— Madame, on m'a assuré chez l'épicier que vous n'étiez pas mariée à l'église ?

— A l'église, non, mais au temple.

— Cela ne me suffit pas, madame ; pour moi, vous vivez en état de concubinage.

— Comment ! dit madame P..., la rougeur au front, mais vous m'insultez !

— Sortez à l'instant, fit le mari indigné, vous êtes une insolente.

— Je suis si peu insolente, et je désire si peu vous insulter, que tout mon bonheur serait de rester chez vous... mais à une condition.

— Vous voulez nous imposer une condition ! s'écria M. P..., ne contenant plus sa colère.

— Laissez-la parler, mon ami, dit madame P..., qui désirait savoir jusqu'où pouvait aller la prétention de sa maritorne.

— Qu'exigez-vous ? demanda placidement M. P...

— Je veux que vous embrassiez la religion catholique !

A ces mots, M. et madame P... partirent d'un éclat de rire ; mais, comme contrairement à Henri IV dans une circonstance peut-être plus importante, ils jugèrent à tort ou à raison que la domestique ne *valait pas une messe*, et ils la flanquèrent à la porte.

———

Après douze ans d'un bonheur sans nuage et dont les heures étaient réglées comme un papier de musique,

16.

bonheur pour lequel ni maire ni curé n'avait été dé-
rangés, le duc de... dont tout Paris connait la belle
tête de vieillard, pensa tout à coup, un beau matin du
mois de juin passé, qu'il était temps de régulariser sa
position.

L'offre qu'il fit de sa main droite à celle qui jusqu'a-
lors n'avait eu que la gauche, fut acceptée avec la plus
grande joie.

Le duc de... s'occupait donc activement des démar-
ches préliminaires à la double cérémonie civile et religieuse, lorsque, l'avant-veille du jour fixé pour le mariage, il rentra chez sa fiancée à une heure inaccoutu-
mée; il venait demander un papier qui lui avait été
réclamé à la mairie, un acte de naissance, je crois, dont
les femmes ne se dessaisissent jamais qu'à la dernière
extrémité.

Mais quelle ne fut pas la surprise du duc, lorsqu'il vit
assis dans son fauteuil, enveloppé de sa robe de chambre,
les pieds dans les pantoufles, fumant un de ses cigares,
lequel portait encore sa petite ceinture bleue, sur laquelle on lisait *nec plus ultrà*, un jeune homme qu'il
ne connaissait pas.

— Misérable ! — s'écria-t-il en s'adressant à la femme, — lorsque, après vous avoir sacrifié mes plus belles années, ma fortune, j'allais vous donner mon nom, vous me trompiez !...

— Ingrat ! répondit l'infidèle, lui faisant un collier de ses deux bras, vous vous plaignez ! Nous serons deux à vous aimer !

—

Tout le monde a vu, au Théâtre Français, la jolie comédie de Léon Gozlan : *La pluie et le beau temps*.

Au lever du rideau, la baronne de Gontran, confondant l'effet avec la cause, s'en prend à son baromètre, qui depuis trois mois indique invariablement la pluie, le jette à terre et le brise.

Cette scène de comédie m'a remis en mémoire une scène d'intérieur que j'ai vue se jouer dans la vie réelle.

C'était en 1857 ; un de mes bons amis était directeur de l'un des plus importants théâtres de Paris. L'été, cette année-là, on s'en souvient encore, fut superbe, pas un nuage pendant deux mois, une éternité de ciel bleu.

Or, comme la pluie est le beau temps des directeurs, mon ami n'était pas d'une gaîté folle.

Tous les matins, il consultait avec anxiété deux grenouilles microscopiques qu'il avait, en guise de baromètre, renfermées dans un bocal, et tous les jours il trouvait ses amphibies au sommet de leur petite échelle, respirant l'air à travers les trous pratiqués à coups d'épingles dans le parchemin recouvrant le récipient.

C'est là, d'après des observations, un pronostic certain de beau temps.

Mon ami avait une amie qui, s'intéressant fort à lui, cherchait tous les moyens de lui être agréable.

Elle crut en avoir trouvé un excellent.

C'était de faire venir la pluie, et pour cela il ne s'agissait, selon elle, que de faire descendre les grenouilles.

Elle passait donc son temps à donner à celles-ci, dès que mon ami avait le dos tourné, des pichenettes sur la tête.

— Voulez-vous descendre, vilaines bêtes, disait-elle, et plus vite que ça encore.

Au bout de quelques jours de ce régime aux pichenettes, les grenouilles étaient au fond du bocal, mais les pattes en l'air. Elles étaient mortes et le soleil continuait à mettre l'asphalte en ébullition.

Un pari de cent louis s'est engagé sur l'âge de madame...

Un des parieurs a gagé pour 40 ans, l'autre pour 45.

Il a été convenu que celui qui se serait le plus rapproché de l'âge aurait gagné.

Or madame... est née en 1823, elle a donc 42 ans, en 1865.

Qu'est-ce qui a gagné ?

Celui qui a parié pour 40, répondrez-vous.

Mais non, répond celui qui a gagé pour 45.

Car il est bien évident que madame... est bien plus près d'avoir 45 ans que 40 qu'elle n'aura plus jamais de sa vie.

Eh bien, attendons, reprend l'homme aux 40 ans ; si d'ici trois ans madame... meurt, j'aurai gagné, car alors elle sera bien plus près des 40 ans qu'elle a eus que des 45 qu'elle n'aura jamais.

L'affaire est en litige et l'enjeu est déposé de part et d'autre, à la Caisse des consignations.

FIN

TABLE DES MATIÈRES

Abbeville. — Imprimerie P. Briez.

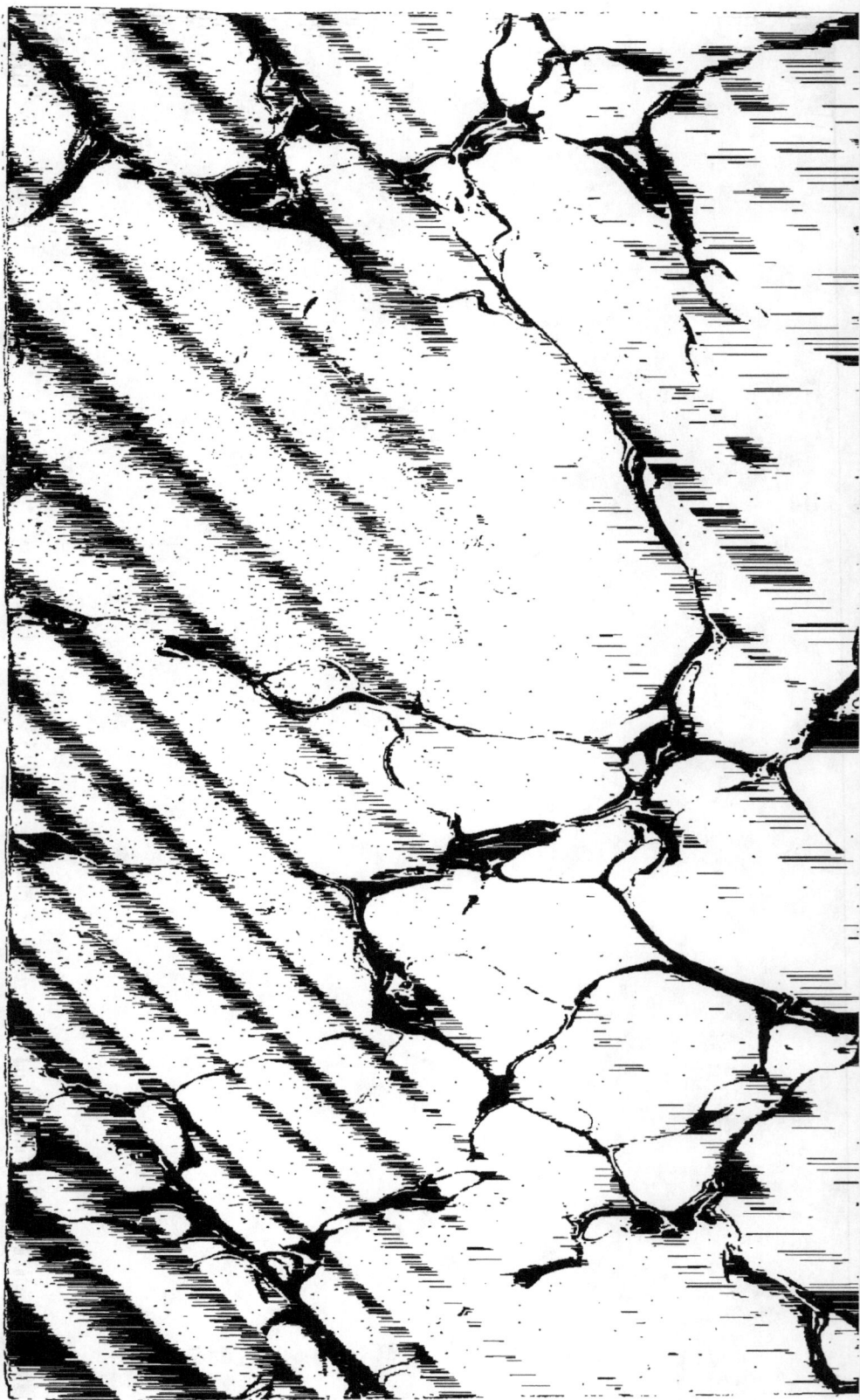

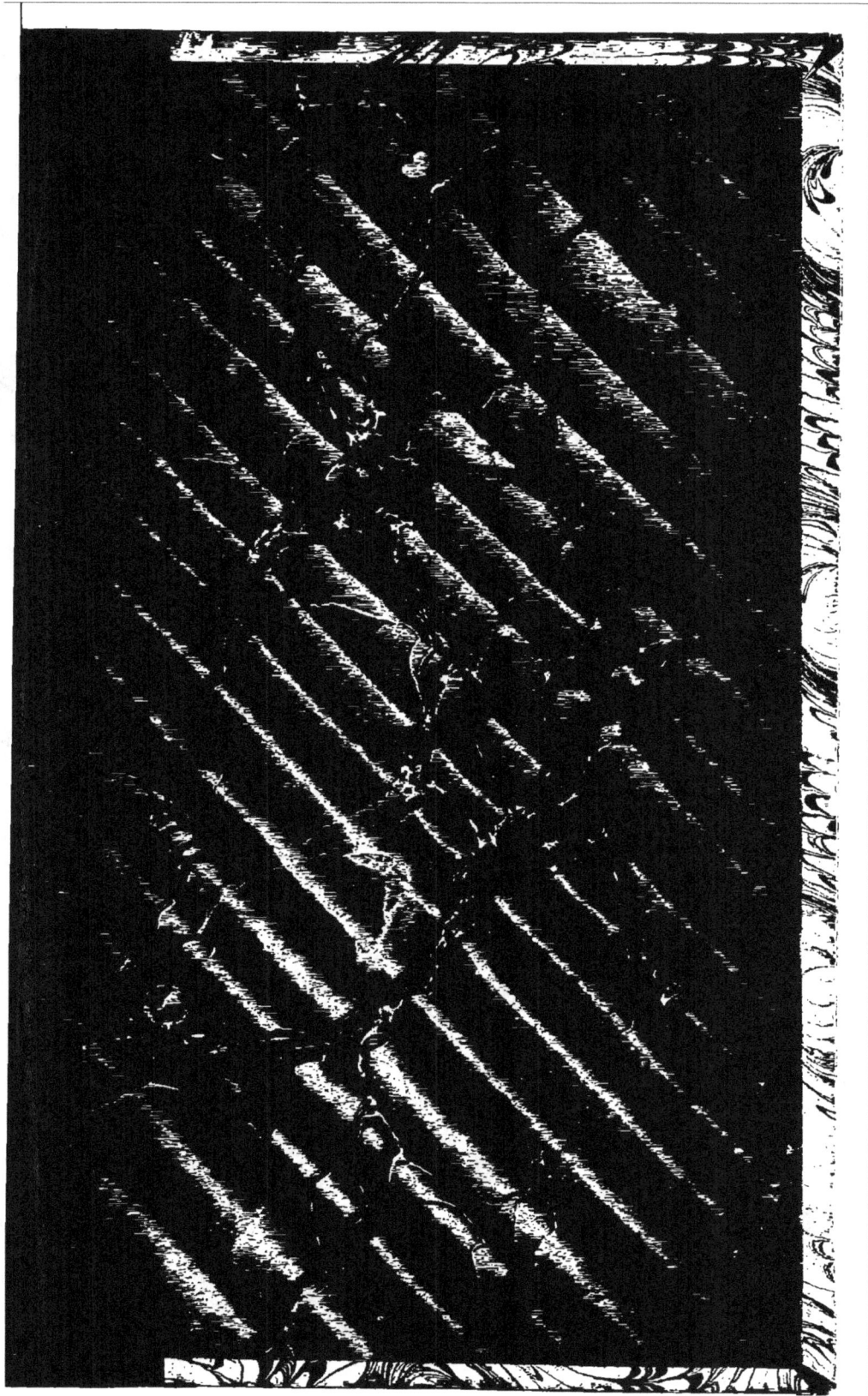

www.ingramcontent.com/pod-product-compliance
Lightning Source LLC
Chambersburg PA
CBHW071954090426
42740CB00011B/1944